Régis Fernandes de Oliveira

RECEITAS NÃO TRIBUTÁRIAS

(*Taxas e Preços Públicos*)

*2ª edição,
revista, atualizada e aumentada*

MALHEIROS EDITORES

Receitas Não Tributárias (Taxas e Preços Públicos)

© Régis Fernandes de Oliveira

1ª edição, 1994, como Receitas Públicas Originárias.

ISBN 85-7420-516-8

Direitos reservados desta edição por
MALHEIROS EDITORES LTDA.
Rua Paes de Araújo, 29, conjunto 171
CEP 04531-940 — São Paulo — SP
Tel.: (0xx11) 3078-7205 Fax: (0xx11) 3168-5495
URL: www.malheiroseditores.com.br
e-mail: malheiroseditores@zaz.com.br

Composição
PC Editorial Ltda.

Capa
Criação: Vânia Lúcia Amato
Arte: PC Editorial Ltda.

Impresso no Brasil
Printed in Brazil
08-2003

NOTA EXPLICATIVA

O presente trabalho foi apresentado para sujeição ao concurso de Professor Titular da Universidade de São Paulo, na cadeira de Direito Financeiro, no qual o autor obteve sua titulação.

Esgotada a primeira edição, apenas agora houve tempo para efetuar a atualização do texto. Algumas alterações foram feitas, especialmente no tocante à possibilidade da cobrança de preços quando da concessão de serviços públicos.

Trata-se de matéria altamente controvertida entre os autores. No entanto, procura-se dar-lhe nova visão, à luz de novos argumentos.

Altera-se, também, seu título. O anterior "Receitas Públicas Originárias" não dava o exato conteúdo da matéria analisada. Agora, o novo rótulo de *Receitas públicas não tributárias*, possuindo como subtítulo o de *Taxas e Preços*, identifica melhor o assunto estudado.

Cremos que a matéria, como tratada, merece detida reflexão dos autores. Sem nenhuma pretensão de seu esgotamento, procuramos deixar claro que a exploração patrimonial pelo Poder Público é dever e não mera faculdade. O administrador tem que demonstrar, não apenas sua probidade, como também sua eficiência, tal como determina o art. 37 da Constituição.

No relacionamento Estado-usuário do serviço, a garantia do último não se desgasta com a concessão, que institui uma relação triangular (Estado-concessionário-usuário), que deve ser tratada de forma diversa, daquela originária, quando há apenas um contato linear entre o Estado e o usuário. Só que tal circunstância não enfraquece a defesa do contribuinte, que continua tendo garantia no vínculo contratual e na equação econômico-financeira.

Em suma, novas opiniões e idéias sempre trazem mais calor ao debate e mais preocupação com os problemas freqüentes, que o crescimento ou diminuição do tamanho do Estado sempre provam.

Enfim, à obra...

SUMÁRIO

Prefácio	3
1. DELIMITAÇÃO DO OBJETO DE ESTUDO	9
2. OS INGRESSOS E O INDIVÍDUO	12
3. O ESTADO	
3.1 Poder constituinte	15
3.2 Constituição	16
3.3 Noção de Constituição	17
3.4 Estado de Direito	17
3.5 Interpretação do ordenamento jurídico e a garantia do administrado	17
3.6 Repartição das funções. Liberdades e o poder tributário ...	20
4. FORMAS DE ATIVIDADE DA ADMINISTRAÇÃO	23
4.1 Intervenção do Estado no domínio econômico	23
4.2 Ideologia e intervenção	29
4.3 Meio de dominação	29
4.4 Incentivo da atividade econômica	30
4.5 Administração indireta	31
4.6 Atuação direta	32
4.7 Exercício do poder de polícia	34
4.8 Documentação jurídica	35
4.9 Atividade instrumental	36
4.10 Serviços públicos	37
5. CONCESSÃO DE SERVIÇO PÚBLICO	46
5.1 Tarifa	55

    5.2 As Agências Reguladoras. As Organizações Sociais.
         As franquias 56
6. CLASSIFICAÇÃO DOS INGRESSOS PÚBLICOS 62
    6.1 Movimentos de caixa 65
    6.2 Receitas originárias 68
    6.3 Doação 69
    6.4 Sucessão legítima e testamentária 70
    6.5 Herança vacante 70
    6.6 Receitas transferidas 71
7. O TRIBUTO NO DIREITO COMPARADO 74
    7.1 Substancial diferença com o sistema brasileiro 76
    7.2 Evolução das normas no Brasil 77
8. REGIME JURÍDICO TRIBUTÁRIO (RECEITAS DERIVADAS) .. 81
    8.1 Tributo 81
    8.2 Princípios tributários. Espécies 82
    8.3 Contribuições. Reparação de guerra e sanções.
         Perdimento 87
    8.4 Taxas 89
         8.4.1 Taxa de iluminação 94
    8.5 Base de cálculo 95
9. TEORIA DOS PREÇOS 96
    9.1 Limites de seu valor 101
10. RELAÇÃO ENTRE TAXA E PREÇO 103
    10.1 Babel de enfoques 107
11. POSSIBILIDADE DE OPÇÃO DO LEGISLADOR. PODER,
    DEVER, DIREITO, OBRIGAÇÃO 111
12. O PATRIMÔNIO DA UNIÃO 116
    12.1 Direito de propriedade 121
    12.2 Patrimônio mobiliário 123
    12.3 Privatização 125
13. USO DE BEM PÚBLICO. A CHAMADA "ZONA AZUL" 128
14. RECEITAS DECORRENTES DE OBRAS PÚBLICAS 132
    14.1 Pedágio 134
15. O SUPOSTO CONTRATO DE TRANSPORTE PÚBLICO 138
16. SERVIÇO DE FORNECIMENTO DE ÁGUA E ESGOTOS 146

SUMÁRIO

17. ANUIDADES ESCOLARES 149
    17.1 Escolas particulares 151
18. CUSTAS E EMOLUMENTOS JUDICIAIS E EXTRAJUDICIAIS 153
19. PRESCRIÇÃO AQUISITIVA. EXTENSÃO. INVENÇÃO 155
20. RECEITAS COMERCIAIS E INDUSTRIAIS. FAZENDA. LOTERIA 157
21. TRANSPORTE AÉREO, AEROESPACIAL E INFRA-ESTRUTURA AEROPORTUÁRIA. SERVIÇOS E INSTALAÇÕES NUCLEARES 160
    21.1 Serviços e instalações nucleares 161
22. O SERVIÇO POSTAL E A TAXA (SELO) 162
23. SERVIÇO DE RADIODIFUSÃO SONORA E DE SONS E IMAGENS 163
24. SERVIÇOS DE TELECOMUNICAÇÕES. ENERGIA ELÉTRICA 164
25. INSTRUMENTOS PROCESSUAIS DE DEFESA DO ADMINISTRADO 165
26. CONCLUSÕES 168

BIBLIOGRAFIA 170

1

DELIMITAÇÃO DO OBJETO DE ESTUDO

O pior cientista é aquele que não sabe seu objeto de análise. Por isso, é importante, em qualquer estudo, que seja delimitado o objeto sobre quê se vai discorrer, fixando os princípios e regras que sobre ele incidirão.

Da fixação das premissas é que decorrerão importantes conseqüências práticas, e as conclusões deverão estar rigorosamente vinculadas com o que se assentou em fundamentação teórica.

O modelo teórico estruturado servirá de molde para o encaixe das matérias e as soluções deverão ser pertinentes e ter conexão lógica com ele. É como modelar uma estátua. O trabalho final deve guardar estrita consonância com o que se assenta a título de orientação teórica.

Em primeiro lugar, constatado que há bastante imprecisão terminológica, doutrinária e jurisprudencial sobre as *receitas originárias* e que os autores sobre elas não se detêm, porque constituem pequena parcela de arrecadação do Estado, é básico apartar o que não é receita originária para, a partir daí, construir os princípios e regras que sobre elas incidirão, supondo ter chegado a bosquejo coerente e lógico.

Daí afastarmos os denominados *movimentos de caixa*, a saber, entradas que tendem a deixar os cofres públicos, como é o caso dos empréstimos, das cauções, fianças, depósitos e indenizações, que vêm como recomposição. Tais entradas ou ingressos, uma vez que tomamos as palavras como sinônimas, não pertencem ao Poder Público, de imediato, já que têm destino próprio, que é a saída. Pode deles utilizar-se, dependendo do caso, mas estão vocacionados a deixar os cofres públicos.

De igual maneira, não tratamos das denominadas *receitas derivadas*, ou seja, as que provêm do patrimônio particular, mediante obrigação de entregar dinheiro ao Estado, por força de lei. São os *tributos*. Sobre eles não debruçamos nossa atenção, ainda que o façamos ligeiramente, mas com o único objetivo de separar o material de análise.

As receitas podem ser *originárias, derivadas* e *transferidas*. As segundas, já as afastamos. As transferidas constituem-se de tributos ou não, mas que são titularizados em entidade política competente que tributa, arrecada e transmite parte de seu montante a outra pessoa jurídica, por expressa disposição constitucional.

Entendemos que não estão elas abarcadas pelo tema.

O centro das atenções são as *receitas originárias*. Constituem entradas definitivas. Não só de dinheiro, mas de valores e bens. Tudo que ingressa para o patrimônio público, a título definitivo, será objeto de análise.

Procuramos ser exaustivos.

Não nos preocupamos com os sistemas positivados de outros países, porque o tratamento normativo é bastante diferente do nosso. Nem por isso perdemos de vista o estudo do Direito Comparado. Tal dado é importante, porque os conceitos não devem ser baralhados e confundidos.

Não seria trabalho lógico e ajustado à realidade se fizéssemos apenas análise das entradas, sem sabermos quais as garantias do indivíduo em face do Estado moderno. Como ângulo de análise, o cidadão não pode ter sua dimensão diminuída. O fato de o Estado poder revestir forma de direito privado para prestação de suas atividades não pode significar diminuição ou perda das garantias constitucionalmente previstas.

No confronto Poder Público-indivíduo devem ser ressaltadas as prerrogativas daquele, por titularizar interesses públicos albergados no sistema. Nem por isso deve haver menosprezo da esfera íntima dos particulares, que se constituem não só nos destinatários das normas, mas como fonte de origem do poder.

Centrou-se, por conseqüência, o estudo no comportamento do Estado e seus limites, em face das receitas que obtém em caráter definitivo em decorrência de suas atividades ou de seu patrimônio.

Houve necessidade de identificar as diversas funções do Estado, bem como foi fundamental orientar o estudo na identificação dos poderes constituintes, que é quem define as finalidades públicas, todas consolidadas em texto normativo jurídica e hierarquicamente superior.

Daí a tentativa de pesquisar tais receitas, sistematizá-las e dar-lhes tratamento jurídico harmônico.

2

OS INGRESSOS E O INDIVÍDUO

Inadmissível estudar o fenômeno financeiro do Estado sem antes firmar noções específicas sobre o próprio Estado, para que as conclusões guardem estrita sintonia com as premissas em que se assentam. Todo estudo jurídico há de ter compatibilidade lógica rigorosa, para que possa constituir trabalho científico. A discrepância na fundamentação lógica destrói o ensaio sobre o assunto de que se pretende tratar. Qualquer contraste evidencia atecnicismo, o que põe por terra todo esforço de cientificismo. A incoerência interna da tese quebra-lhe a estrutura.

Daí ser necessário que o interlocutor jurídico possa transmitir sua idéia com clareza e possa ser compreendido, ainda que se valha de palavras, rótulos conceituais, para exprimir o pensamento.

É fundamental que a exposição, por outro lado, seja clara e siga metodologia, para não cair na incompreensão, e que as palavras tenham significação unívoca, para que o leitor ou intérprete não se veja apanhado pela impropriedade lingüística. As palavras, como anota Genaro A. Carrió, cumprem dupla função. *Denotam* o conjunto de objetos sobre que se fala (aspecto extensivo) ou conotam-nos, revelando as propriedades em virtude das quais aplicamos as palavras aos objetos (*Notas sobre Derecho y Lenguaje*, p. 25). Daí ser necessário, ao utilizarmos linguagem natural, que expliquemos o significado de cada uma daquelas que têm textura aberta. O significado equívoco pode dificultar a compreensão sobre o que se fala e complicar o diálogo. As palavras outra coisa não significam senão rótulos que apomos às coisas, de forma convencional. Daí ser importante que, ao transmitirmos nossas mensagens, esclareçamos o interlocutor sobre eventual desconexão com a realidade em relação ao rótulo utilizado.

Este estudo, como já se afirmou, versa sobre as formas de receita, tal como previsto no orçamento. O princípio da universalidade estabelece que todas as receitas e despesas devem estar previstas na lei orçamentária (§ 5º do art. 165 da CF). Apenas haverá rompimento do princípio, o que o justifica, nos termos da Súmula 66 do STF, em relação ao tributo instituído ou aumentado após a aprovação do orçamento.

Evidente está que não serão objeto de análise específica os denominados tributos. A preocupação destina-se a apontar o que é tributo e quais suas formas de exigência, em relação aos denominados preços (sem qualquer rotulação, uma vez que são eles provenientes do direito privado).

O Estado, hoje, assume imensidão de atividades, o que legitima a apreensão do jurista no sentido de que deva estudar não mais suas prerrogativas, qual Leviatã, mas o indivíduo frente ao Estado. Busca superar a contradição hobbesiana do despótico com o pacto social.

A ótica sob que se encara o tema é a do *indivíduo*. Já de há muito tempo deixou de ser o Estado o todo poderoso, o tirano, aquele que devora a todos ou que deve ser dotado de todas as prerrogativas contra o cidadão. Este não pode se encontrar abaixo do Estado, uma vez que é dele componente e sem ele careceria de razão de existir. Uma coisa é o Estado enquanto estrutura burocrática; outra, enquanto pessoa jurídica, centro de imputação normativa, responsável por deveres e titular de poderes.

O centro nervoso de qualquer estudo, hoje, em face do Poder Público, há que atentar que não é ele um ser para si. É instituição criada pelos e para os indivíduos. Não se pode colocar contra estes. Tem que assegurar que os indivíduos cresçam e desenvolvam todas as suas potencialidades. Tem que ser Estado prestador de serviços públicos, assegurador da paz social, respeitador das virtualidades dos cidadãos. E, acima de tudo, que se restrinja ao estrito âmbito do que lhe foi gizado pelo ordenamento normativo. Basicamente, a Constituição fixa seus limites. A lei os complementa. O princípio da legalidade, que perspassa todos os ramos do Direito Público, constitui-se em elemento fundamental da preservação dos direitos dos indivíduos.

Assim sendo, o eixo do estudo deve centrar-se nas garantias do indivíduo em face do Estado. Altera-se, assim, o centro gravitacional da luta Estado/indivíduo. Normalmente, como titulariza ele interesses denominados "públicos", os juristas examinam-no como centro de seu desenvolvimento, relegando a segundo plano o que realmente interessa, que é o indivíduo. O centro das preocupações do jurista é o homem; enquanto tal. Assim sendo, o Direito Financeiro não será analisado como mera forma de arrecadação de receitas, mas enquanto Direito do indivíduo, ou da coletividade ou da sociedade para defender-se dos abusos do Estado, em seu furor arrecadatório, fazendo com que ele se restrinja aos estritos limites constitucionais e legais.

Passa a ser o homem, novamente, o centro do universo, revestindo-se de novo humanismo, necessário na época em que vivemos.

O Estado passa a ser, dentro de tal enfoque, o catalisador de interesses públicos e coletivos, mas nos estritos limites do que lhe foi fixado pelo ordenamento jurídico.

3
O ESTADO

3.1 Poder constituinte. 3.2 Constituição. 3.3 Noção de Constituição. 3.4 Estado de Direito. 3.5 Interpretação do ordenamento jurídico e a garantia do administrado. 3.6 Repartição das funções. Liberdades e o poder tributário.

3.1 Poder constituinte

Como ensina J. J. Gomes Canotilho, existe um *impulso* constituinte que conduz à existência de um *poder* (*Direito Constitucional*). Aquele é o fato não necessariamente revolucionário. Evidente que o fato revolucionário não decorre de qualquer fundamento jurídico (é curiosa a pergunta dos militares ao jurista, quando informam que irão deflagrar uma revolução e indagam se será constitucional ou não). A noção tradicional tem sido debatida e há alguns que sustentam a possibilidade da valorização jurídica das revoluções.

Instituída uma (ou nova) ordem jurídica, firmam-se poderes e deveres, direitos e obrigações, que são exaustiva ou sinteticamente arrolados no texto do documento básico originário que se denomina *Constituição*.

As características normais que ao poder constituinte se apontam são o fato de ser *inicial*, *autônomo* e *supremo*. Inicial, por inexistir antes dele qualquer outro poder. Autônomo, porque a decisão de como, quando e de que forma deve instituir uma Constituição não sofre limitação; e, por fim, supremo ou incondicionado, por não estar subordinado a fórmulas predeterminadas, nem a outro poder jurídico. O fruto final da elaboração será a Constituição.

O poder constituinte é *autêntico*, quando advém de revolução, que rompe corri a ordem jurídica anterior, instaurando uma outra, ou *reformador*, quando simplesmente busca alterar pontos da Constituição posta, incluindo-se aqui o advindo de pacto social.

3.2 Constituição

Nem sempre o resultado – a Constituição – vai espelhar o que a sociedade gostaria ou queria quando da movimentação social para alteração da ordem jurídica então posta. Pode ela ser vista como *documento* solene, resultado final do trabalho constituinte. Em seu aspecto *formal*, tudo o que dela conste será constitucional, independentemente do conteúdo dos preceitos. Cria normas jurídicas superiores à lei. *Materialmente*, a Constituição deve disciplinar o poder, seus órgãos de exercício, seus limites, os direitos e garantias constitucionais e a forma de alteração de seu próprio texto. A *matéria* constituinte seria esta, e, fundamentalmente, a regra do jogo do poder. De outro lado, há a visão *sociológica* da Constituição, ou seja, apenas seria constitucional aquilo que *efetivamente* é atendido pela população (um dos elementos do Estado). Há de existir correspondência entre o que se encontra consignado no texto e o que é cumprido pela sociedade.

Na precisa lição de Ferdinand Lassalle, "a verdadeira Constituição de um país só reside nos fatores reais e efetivos de poder que nesse país vigem; e as Constituições escritas não têm valor nem são duradouras senão quando dão *expressão fiel* aos fatores de poder imperantes na realidade social" (*Que es una Constitución?*, p. 70).

A Constituição pode ser *rígida*, exigindo um procedimento especial e quórum qualificado para sua alteração, enquanto que a *flexível* pode ser alterada pela legislação inferior (que não será, evidentemente, inferior).

No Estado brasileiro, a Constituição tem a característica rígida, ou seja, sua alteração depende de requisitos rigorosos (exige-se proposta de um terço dos membros de uma das Casas do Parlamento – art. 60, inc. I; ou do Presidente – inc. II; ou de mais da metade das Assembléias Legislativas de cada unidade federativa, mediante maioria relativa de seus membros – inc. III) e apenas será aprovada a emenda se obtiver, em ambas as Casas do Congresso, "três quintos dos votos dos respectivos membros" (§ 2º do art. 60 da CF).

Vê-se que nossa Constituição é rígida, ou seja, não pode ser alterada pela lei ordinária, apenas podendo sê-lo por emenda, com os requisitos apontados.

3.3 Noção de Constituição

O documento solene e básico que forma o Estado constitui-se num complexo de princípios e regras disciplinadoras do exercício do poder, aprovado mediante procedimento específico (Manoel Gonçalves Ferreira Filho, *Curso de Direito Constitucional*, p. 10). Não nos percamos em indagações ideológicas, mas deve-se ter atenção a que o país que não a tenha não será um Estado de Direito.

3.4 Estado de Direito

Aqui, permeia a ideologia. Não aceitamos que qualquer Estado seja de Direito só pelo fato de ter um conjunto de regras escritas. Como já ressaltamos, há que existir um mínimo para que assim possa ser entendido. Como não entendemos o Direito sem que se dirija ele a uma dada realidade, com visão estritamente humanista, é inadmissível que o Estado relegue os direitos humanos para plano meramente formal ou teórico. Para que exista o Estado de Direito, em seu aspecto de legitimidade – um juízo estritamente valorativo –, é fundamental que os direitos humanos sejam assegurados e plenamente exercidos em democracia.

Se nos ativermos ao aspecto de mera forma, todo Estado que possua um conjunto de normas e a ele se submeta, bem como à jurisdição independente, será um Estado de Direito. É a precisa lição de G. Balladori Pallieri (*Diritto Costitucionale*, n. 33, p. 116).

Ademais, tal expressão foi cunhada para identificar um tipo de Estado em que as leis são estabelecidas por assembléia livremente eleita.

3.5 Interpretação do ordenamento jurídico e a garantia do administrado

Ensina J. J. Canotilho que "o princípio da unidade da Constituição ganha relevo autônomo como princípio interpretativo quando com ele se quer significar que o Direito Constitucional deve ser interpretado de forma a evitar contradições (antinomias, antagonismos) entre as suas normas, e, sobretudo, entre os princípios jurídico-políticos constitucionalmente estruturantes" (*Direito Constitucional*, p. 232). Como tal, vê-se o intérprete levado a considerar o ordenamento normativo como um todo. Não se pode fugir dos princípios constantes do art. 1º da CF, ou seja, que o Brasil é um Estado Democrático de Direito e tem como *fundamentos:* "I – a soberania; II – a cidadania; III – a dignidade da pessoa humana; IV – os valores sociais do trabalho e da livre iniciativa; V – o pluralismo político". Tais valores têm que ser considerados para qualquer interpretação possível do ordenamento jurídico.

Dispõe o inc. II do art. 5º da CF que "ninguém será obrigado a fazer ou deixar de fazer alguma coisa senão em virtude de lei". É a consagração do denominado princípio de legalidade. Nada nem ninguém pode obrigar o indivíduo a qualquer comportamento, salvo em virtude de lei. Logo, todas as obrigações em dinheiro devem estar previstas em texto legal. A *garantia* do cidadão é esta. Não ser compelido a qualquer conduta, salvo existência de lei.

Toda interpretação que fuja de tais coordenadas está fadada ao insucesso. Como esclarece Paulo de Barros Carvalho, "não é difícil distribuir os citados *métodos de interpretação* pelas três plataformas de investigação lingüística. Os métodos literal e lógico estão no plano sintático, enquanto o histórico e o teleológico influem tanto no nível semântico quanto no pragmático. O critério sistemático da interpretação envolve os três planos e é, por isso mesmo, exaustivo da linguagem do Direito. Isoladamente, só o último (sistemático) tem condições de prevalecer, exatamente porque antessupõe os anteriores. É, assim, considerado o método por excelência" (*Curso de Direito Tributário*, p. 76). Realmente, assim deve ser. A interpretação por apenas um dos métodos conhecidos levará o exegeta a situações de difícil compreensão.

Como ressalta Eros Grau, "a interpretação do direito não é mera dedução dele, mas sim processo de contínua adaptação de suas normas à realidade e seus conflitos. (...) tem caráter constitutivo – não meramente declaratório, pois – e consiste na produção, pelo intérprete, a partir de textos normativos e dos fatos atinentes a um determinado caso, de normas jurídicas a serem ponderadas para a solução desse caso, mediante a definição de uma norma de decisão. Interpretar/aplicar é dar concreção (= concretizar) ao direito" (*Ensaio e Discurso sobre a Interpretação/Aplicação do Direito*, p. 49)

Com as transcrições anteriores, e sem dedicar tempo ao estudo dos métodos de interpretação, mas levando em conta o campo de aplicação prática dos conceitos utilizados nas descrições normativas, vê-se que somente se pode interpretar a Constituição e o todo normativo através de elementos que integram a realidade jurídica.

No tema que se irá analisar, sobre as receitas, não nos importa estudar – o que faremos apenas incidentalmente – quais as prerrogativas do Estado na arrecadação e qual a força jurídica que possui o Poder Público para abastecer seus cofres. O centro do estudo incidirá sobre os meios de defesa que pode possuir o indivíduo para fazer com que o Estado tenha sua atividade limitada aos exatos contornos fixados na Constituição Federal.

É que, como ensina García de Enterría, "o cidadão não é um simples instrumento do poder, está na origem do poder" (*Hacia una Nueva Justicia Administrativa*).

Sendo assim, sempre que o Poder Público – aqui compreendidas as esferas da União, Estados, Distrito Federal e Municípios – prestar serviço público específico e divisível, agirá sob o prisma tributário, e apenas poderá cobrar *tara*.

A interpretação não poderá levar o exegeta a fugir do inc. II do art. 145 da CF. Como salienta Marco Aurélio Grecco, "afirmar que um serviço público está sendo remunerado por preço é contradição nos termos. Pois, uma determinada atuação ou se submete a regime de Direito Público (configurando "serviço público"), e, por conseqüência, não dará origem a relações de Direito Privado (preço), ou se submete a regime de Direito Privado, dando origem a preço, mas – nesta hipótese – não será serviço público (do ponto de vista estritamente formal, podendo sê-lo do substancial), porque este se caracteriza pelo regime público, derrogador do privado" ("Distinção jurídica entre taxa e preço (tarifa)", *RT* 456/39).

Poderia o Poder Público, incomodado na sujeição ou obediência específica aos critérios e princípios do Direito Tributário, consagrador de exigências para cobrança dos tributos, simplesmente alterar a forma de prestação dos serviços públicos e, assenhoreando-se do denominado *preço*, subjugar os indivíduos a alterações permanentes e freqüentes, esvaziando, de tal forma, os princípios asseguradores das garantias constitucionais?

A interpretação do ordenamento não pode levar a tal conclusão. Se encampa, de plano, valores como o da dignidade da pessoa humana (inc. III do art. 1º), a construção de uma sociedade livre, justa e solidária (inc. I do art. 3º), o exercício da cidadania, além do extenso rol de direitos e garantias individuais e coletivos, ao lado dos sociais, não tem sentido deixar-se a critério dos governantes a forma de exigência dos tributos. A relação semântica (ordenamento-sociedade) não pode ser alterada em nome da preponderância dos interesses do Estado.

Como já se disse, os interesses do Estado, consagrados no ordenamento jurídico, não são os dos governantes. Quase sempre, aliás, são estes colidentes com os interesses da comunidade. Nem se diga que a análise é metajurídica ou meramente sociológica. Incide ela sobre elementos jurídicos exclusivamente, ou seja, aqueles consagrados nas normas, mas jamais desapegados de uma realidade palpitante, para que elas se dirigem.

3.6 Repartição das funções. Liberdades e o poder tributário

Uma vez definida a Constituição e colocada em vigência, traça ela os objetivos do Estado. De um lado, o povo, titular essencial da soberania, e, de outro, os titulares do exercício do poder, em seus três órgãos, o Legislativo, o Executivo e o Judiciário.

De acordo com o art. 3º da CF, os objetivos fundamentais do Estado brasileiro são: "I – construir uma sociedade livre, justa e solidária; II – garantir o desenvolvimento nacional; III – erradicar a pobreza e a marginalização e reduzir as desigualdades sociais e regionais; IV – promover o bem de todos, sem preconceitos de origem, raça, sexo, cor, idade e quaisquer outras formas de discriminação".

Prenhe de conteúdo ideológico e valorativo, o preceito retrata os objetivos do Estado.

O ideário contido em norma constitucional somente pode se tornar eficaz diante da disponibilidade de meios aptos a gerir os interesses definidos como próprios na Constituição Federal.

A Constituição define os Poderes do Estado (art. 2º). Ocorre que não são eles estanques. O critério de distinção das funções já foi amplamente por nós analisado em *Ato Administrativo* (3ª ed. pp. 1-26). O critério foi o da específica eficácia jurídica, tal como analisado por Guido Zanobini (*Corso di Diritto Amministrativo*, v. 1, p. 22).

Assim, resumindo, a específica eficácia jurídica do ato legislativo constitui-se na inovação primária da ordem jurídica, através de processo próprio (daí a concepção constitucional de que apenas a lei sujeita as pessoas). O ato jurisdicional tende a produzir a coisa julgada, também mediante processo próprio, e o ato administrativo tem a específica eficácia da presunção de legitimidade, cuidando-se de edições sublegais. Ao lado destes estariam os denominados atos políticos, que advêm diretamente da Constituição Federal em número e limites por ela própria previstos.

Dir-se-á que, em sua função típica, o Legislativo apenas expede leis. No mais, exerce função marginal administrativa, o mesmo fazendo o Judiciário, ao lado das decisões. O Executivo é quem apenas administra, produzindo atos infralegais dotados da força de presunção de legitimidade, ou seja, o ato vale independentemente de qualquer outra força, e quem pretender discuti-lo deve dirigir-se ao Judiciário ou à Administração, para questionar sua validade ou eficácia. Eventualmente, o Executivo inicia o processo legislativo, através das medidas provisórias.

O Estado tem, em conseqüência, um aparato burocrático para assegurar os direitos que a ordem constitucional estabeleceu. O choque permanente entre o asseguramento dos direitos contra as prerrogativas do Estado faz com que os juristas reclamem de mecanismos de garantia dos cidadãos. Como dizia Montesquieu, é uma experiência eterna que todo aquele que detém o poder tende a dele abusar. Daí, impõem-se a instituição e previsão de freios e de instrumentos de controle do poder.

De outro lado, o Estado tem que se instrumentalizar para o atendimento dos fins traçados no ordenamento normativo. O Estado não existe por si só, como entidade lúdica. Tem um destino a cumprir e deve satisfação às finalidades encampadas no ordenamento normativo. Sua razão de ser está definida na própria Constituição.

O poder constituinte traça para o Estado quais os objetivos que deve alcançar. De seu turno, fixa as liberdades individuais e públicas; estas, "inscritas na Constituição, são as mais expressivas balizas ao poder do Estado. Configura usurpação, constitui-se na mais grave violação constitucional, o exercício – seja pelo Legislativo, seja pelo Executivo, seja pelo Judiciário – de ato de poder de todo tipo, ou de qualquer ato de força, voltado contra os cidadãos, ultrapassando essas mesmas barreiras" (Geraldo Ataliba, *República e Constituição*, p. 165).

Ao lado dos direitos expressamente consagrados, o Estado tem seus objetivos fixados na Constituição Federal. Em conseqüência, para atendê-los, deve ter os meios necessários para estruturar seu aparato burocrático.

Daí ser permitido ao Estado lançar mão de seus instrumentos para alcançar os particulares e deles haver o necessário para abastecimento de seus cofres. Como esclarece Ataliba, num primeiro momento, o Direito atribui determinada importância ao Poder Público, importância esta pertencente a uma pessoa privada. Num segundo momento, determina que esta ou outra pessoa leve esta importância e a entregue a um agente público, com destino aos cofres públicos (cf. *Hipótese de Incidência Tributária*, p. 29).

Sendo assim, da mesma forma que o Estado tem finalidades a alcançar, deve ter os meios necessários para satisfazer os objetivos da comunidade.

Ao lado, pois, dos aspectos de soberania do Estado – que inadmite força superior a si, no concerto internacional dos Estados –, também não admite ele nenhuma força igual a si no interior de seu ordenamento normativo; a exteriorização da força jurídica (poder) manifesta-se através de atos já mencionados. Junto deles, há a estrutura administrativa para o desempenho de diversas atividades.

4
FORMAS DE ATIVIDADE DA ADMINISTRAÇÃO

4.1 Intervenção do Estado no domínio econômico. 4.2 Ideologia e intervenção. 4.3 Meio de dominação. 4.4 Incentivo da atividade econômica. 4.5 Administração indireta. 4.6 Atuação direta. 4.7 Exercício do poder de polícia. 4.8 Documentação jurídica. 4.9 Atividade instrumental. 4.10 Serviços públicos.

Tendo ficado claro que o Estado exerce suas atividades através de três órgãos do exercício do Poder, impõe-se solucionar o problema do que o Estado pode e quais as formas de sua ação.

Primeiramente, pode participar do processo produtivo, intervindo no domínio econômico.

4.1 Intervenção do Estado no domínio econômico

Todo estudo sobre qualquer instituto ou questão jurídica há de partir, necessariamente, da Constituição Federal, para que possa produzir resultados eficazes, sem prejuízo de posterior análise das distorções práticas, já no ângulo sociológico.

É inviável análise de perspectiva apenas fática. É verdade que o fenômeno da positivação parte de um certo modelo empírico, ao qual está referido. O relacionamento semântico vai permitir aproximação e preenchimento dos conceitos, tendo em vista seu conteúdo.

A perspectiva apenas fática é afastada do jurista. Isto porque o modelo normativo filtra os fatos, inclusive distorcendo-os, para dar-lhes determinadas conseqüências captadas nos mandamentos. Assim, hipótese e mandamento da norma estão vinculados a determinada realidade. Esta é empiricamente inexaurível e inesgotável. Daí por que o Direito filtra a realidade empírica, enquadrando-a dentro dos preceitos normativos. Nem tudo, na realidade, está no mundo jurídico. É o que Lourival Vilanova denomina de "esquematização ou tipificação do fáctico" (*As Estruturas Lógicas e o Sistema do Direito Positivo*, p. 154). A tal alienação do plano jurídico Santi Romano chama de "anomia" jurídica. Em visão estritamente dogmática, inexiste o não-jurídico, de vez que todos os comportamentos humanos estão previstos deonticamente, em seus functores.

No Direito brasileiro, a regra geral excludente faz parte do sistema positivo. O inc. II do art. 5º da CF fornece completude ao sistema. De seu lado, o monopólio jurisdicional do Estado inadmite o *non liquet*, o que fornece a dogmática jurídica, não em termos de positivação, mas em termos de solução de todas as questões. Daí ser dogmático o Direito.

O sistema fechado de Direito Positivo exaure-se na previsão dos comportamentos. Quando surge algum comportamento não previsto, não se cuidará de lacuna, em seu sentido técnico, de vez que estas apenas vão existir quando do julgamento do juiz. Este, ficando em dúvida, quando da adoção do argumento *a contrario* e do *a simile*, interpreta sobre qual o modal deôntico disciplinador do comportamento. A lacuna, assim, na visão de Norberto Bobbio, deixa de ser a não referibilidade a certo comportamento, mas dúvida na escolha do argumento de solução (cf. nosso "Lacuna e sistema normativo", *RJTJSP* 53/13).

Tal visão do ordenamento jurídico, como um todo, tem por base os preceitos constitucionais. A Constituição fornece o critério máximo de validade. A compatibilidade vertical das normas inferiores encontra sua cúspide na norma constitucional. Só se podem produzir normas compatíveis.

De outro lado, o sistema inadmite antinomias. Eventual discordância entre dois preceitos resolve-se por estruturas previstas dentro do próprio sistema. A eliminação das antinomias encontra amparo na ordem posta.

Numa visão sintática, o escalonamento sistemático tende à rigidez normativa. Nesta visão percebe-se a referibilidade à realidade empírica, mas todos os comportamentos acham-se previstos e eventual dúvida é solucionada pela vedação ao *non liquet*.

Independentemente dos conteúdos, pois, deve ser analisada a Constituição. Inobstante, como documento solene, o texto constitucional é fruto dos valores imperantes em dado momento histórico.

É verdade que o que se passa antes da colocação de dada Constituição é momento pré-normativo e, pois, visualizado sob outros ângulos do conhecimento humano. Mas não se pode negar que as influências sociais, psicológicas, religiosas, políticas, econômicas, impõem sua manifestação no conteúdo das normas. Todo ato normativo é fruto de colocações extrajurídicas. Toda norma deflui e é filha dos sentimentos políticos, das pressões econômicas e dos sentimentos sociais que dominam determinada comunidade.

Ainda que pré-jurídicas, tais manifestações fornecem subsídio para a exata compreensão dos conteúdos legais. Quanto mais da própria Constituição, que é expressão máxima dos sentimentos nacionais e fruto das pressões da época e da realidade vivida pela comunidade.

Tendo em vista tal condicionamento dos valores econômicos é que se pode partir para a interpretação dos textos e regras da Constituição, para que se habilite a perquirir do conteúdo das regras que dizem respeito à ordem econômica inseridas no corpo da Constituição Federal.

O conteúdo do conceito "econômico" pode ser deduzido da realidade econômica, mas o critério aglutinante das diversas disposições é o de buscar no próprio texto constitucional as normas que digam respeito a tal conceito aglutinador. Refere-se à disponibilidade dos bens e valores que interessam às pessoas. Comodidades egoísticas e coletivas que dizem respeito ao patrimônio e sua respectiva transferência de pessoa a pessoa.

De tal ponto de partida, teremos que analisar até que limite o Estado, através de suas entidades políticas e mesmo das meramente administrativas, pode interferir no denominado "domínio econômico".

O ponto de partida é a primeira parte do art. 173 da CF, que assim dispõe: "Ressalvados os casos previstos nesta Constituição, a exploração direta de atividade econômica pelo Estado só será permitida (...)".

Ante texto claro, parece inarredável que a atividade econômica é preferencialmente desenvolvida pelos particulares. Aí está consagrado o princípio da liberdade econômica. É o fulcro do regime capitalista; é o germe do Estado não-intervencionista.

Ocorre que a análise jurídica comporta diversos pontos de partida. Pode-se ver, simplesmente, como se vinha expondo, o Direito em seu ângulo sintático, e, pois, cuida-se do inter-relacionamento dos signos entre si, cujo estudo, agora, não nos vai interessar. Também a análise semântica não será objeto de estudo específico, de vez que cuida do relacionamento do signo com alguma coisa para que se dirige. Interessa-nos, no momento, o ângulo pragmático. Isto é, o estudo de determinado conteúdo comportamental em relação ao usuário, ou, mais precisamente, o problema econômico do ângulo da comunicação humana, vista como interação de sujeitos que trocam mensagens entre si.

Dentro da *complexidade* de situações objeto de análise, escolhemos a situação interativa de conteúdo econômico. Operamos, pois, uma *seleção*, para fins de indagação científica de conteúdo estritamente jurídico.

Cuidando-se a sociedade de uma série de indivíduos inter-relacionados, vinculados por suas ações, colocam-se tais indivíduos em certas *situações*. Como ensina Tércio Sampaio Ferraz, "definamos comportamento com um 'estar em situação'. Quem está em situação transmite mensagens, quer queira, quer não queira" (*Função Social da Dogmática Jurídica*, p. 101). A troca de mensagens significa que os indivíduos estão em "interação".

"Interagir" é, pois, trocar mensagens. E as mensagens são transmitidas pelo que se denomina de nível *cometimento* e nível *relato*. O primeiro implica aquilo que se transmite e o segundo o modo de transmissão. Imprimimos um *sentido* ao que se transmite.

Isso, só, não basta. É necessário, também, contar com a *contingência*, ou seja, com a possibilidade de não sermos entendidos; com a possibilidade da desilusão. A desilusão é a frustração da mensagem.

Os sistemas sociais – dentre eles, o Direito – garantem-nos contra as desilusões e reduzem as complexidades. Daí por que as expectativas normativas garantem os indivíduos contra a desilusão fática. A norma mantém-se contra o fato. Este não a revoga. Ao contrário, serve para que se apure se a norma mantém-se, apesar do fato.

A expectativa que se tem, em face da norma constitucional retrotranscrita, é a de que o Estado não intervenha na economia. Deve abster-se de interferir, salvo para estimular e apoiar a iniciativa privada.

Mister sabermos do que se cuida, quando utilizamos a expressão "domínio econômico".

Entendemos que o Estado assume, ou é obrigado a assumir, por disposição constitucional, diversos *deveres*. Em decorrência de dispositivo expresso, tem o dever de prestar serviços públicos. Não tem escolha, nem fica a seu alvedrio prestá-los ou não. Tem que fazê-lo.

De outro lado, "a ordem econômica, fundada na valorização do trabalho humano e na *livre iniciativa*, tem por fim assegurar a todos existência digna, conforme os ditames da justiça social" (art. 170 da CF). E os princípios arrolados no mesmo dispositivo asseguram a "livre concorrência".

Complementa o art. 173 da CF que, "ressalvados os casos previstos nesta Constituição, *a exploração direta da atividade econômica pelo Estado* só será permitida quando necessária aos imperativos da segurança nacional ou a relevante interesse coletivo, conforme definidos em lei". A atividade econômica é livre aos particulares e vedada, salvo as exceções previstas na própria Constituição, ao Estado. Daí resulta, claramente, o regime capitalista da economia, sem embargo do lado social a que ela própria faz menção.

Atividade econômica típica significa, pois, a produção de bens, com o objetivo de lucro. Este é ínsito no conceito da economia. Há todo o processo produtivo que passa pela comercialização até o consumo. Como ensina Milton Friedman (*Capitalismo e Liberdade*, p. 15), o objetivo do governo deve ser limitado: "Sua principal função deve ser a de proteger nossa liberdade contra os inimigos externos e contra nossos próprios compatriotas; preservar a lei e a ordem; reforçar os contratos privados; promover mercados competitivos". Não por ideologia, mas por análise do que dispõe nosso texto constitucional, assevera-se que o Estado não pode explorar diretamente a atividade econômica. Não pode ingressar livremente no mercado para produzir riquezas (pode e deve reservar a si parte delas, por vias obrigatórias e legais, a fim de perseguir seus objetivos). Não é essa, por definição constitucional, sua missão. Uma vez instituído o Estado, traça ele, no ordenamento jurídico, quais as finalidades que deve alcançar. Fixa, pois, os lindes de sua atividade. Apenas por lei específica, e tendo em vista "imperativos de segurança nacional" ou atendendo a "relevante interesse coletivo", tal como a lei definir, é que pode ingressar no processo de produção.

Pode-se chegar à noção da atividade econômica até por eliminação das atividades do Estado. O que não for serviço público e estiver fora das demais preocupações do Estado será a atividade econômica. Eros Grau, em seu notável *A Ordem Econômica na Constituição de 1988*, ensina que, "ao afirmar que *serviço público* é tipo de *atividade econômica*, a ele atribui a significação de gênero no qual se inclui a *espécie, serviço público*" (p. 92). A saber, o autor engloba as noções no gênero "atividade econômica em sentido amplo", dele destacando as espécies, serviço público e atividade econômica em sentido estrito.

Embora não se possa negar que o serviço público também leva ao processo econômico, parece-nos mais técnica a separação entre serviço público e atividade econômica, porque nesta está sempre presente o intuito de lucro, que é irrelevante para o primeiro. Pode ele estar ou não presente na prestação de serviços públicos, não sendo seu componente necessário. A distinção vai assentar-se na titularidade Estado/ particular e no regime jurídico. Daí preferirmos separar no texto constitucional as atividades, em decorrência do critério do *dever* e *da faculdade*.

Ao lado de ser a economia livre para os particulares, o Estado pode nela exercer função de fiscalização, incentivo e planejamento. Dispõe o art. 174: "Como agente normativo e regulador da atividade econômica, o Estado exercerá, na forma da lei, as funções de fiscalização, incentivo e planejamento, sendo este determinante para o setor público e indicativo para o setor privado". A intervenção, no exato dizer de Eros Grau, significa a "atuação em área de outrem" (*Ordem Econômica...*, p. 82). Logo, percebe-se que, não sendo o domínio econômico área do Estado, pode ele, em decorrência de expressa disposição constitucional, nele intervir.

Como salienta Tércio Sampaio Ferraz, "no uso da palavra 'intervenção' está contida uma determinação significativa de natureza ideológica". Observemos, assim, que esta expressão só tem sentido numa sociedade de economia liberada aos particulares. "Isto quer dizer que, de pronto, está excluída uma interpretação marxista, que exigiria uma estatização monopolista" ("Fundamentos e limites constitucionais da intervenção do Estado no domínio econômico", *RDP* 47-48/265). A *contrario sensu*, pode-se dizer que nossa economia é nitidamente capitalista, isto é, o domínio econômico pertence aos particulares, às empresas privadas, e não ao Estado.

Temos, então: a) domínio livre aos particulares na exploração das atividades econômicas. Somente em caráter excepcional e atendendo a requisitos constitucionais é que pode o Estado prestá-*las*; e b) pode o Estado *intervir* no domínio econômico, para regular tal atividade, inclusive reprimindo "o abuso do poder econômico que vise à dominação dos mercados, à eliminação da concorrência e ao aumento arbitrário dos lucros" (§ 4º do art. 173 da CF). Como anotou Eros Grau, "no que tange ao art. 174, no entanto, a expressão *atividade econômica* é utilizada noutro sentido. Alude, o preceito, a *atividade econômica em sentido amplo*. Respeito à globalidade da atuação estatal como agente normativo e regulador. A atuação normativa reclama fiscalização que assegure a efetividade e eficácia do quanto normativamente definido – daí por que, em rigor, nem seria necessária a ênfase que o preceito adota ao expressamente referir a função de fiscalização. A atuação reguladora há de, impõe a Constituição, compreender o exercício das funções de incentivo e planejamento. Mas não apenas isso: atuação reguladora reclama também fiscalização e, no desempenho de sua ação normativa, cumpre também ao Estado considerar que o texto constitucional assinala, como funções que lhe atribui, as de incentivo e planejamento" (*Ordem Econômica...*, p. 97).

4.2 Ideologia e intervenção

Ideologicamente, a estruturação normativa consubstanciada na Constituição Federal sequer se próxima do modelo marxista, sequer mantém ranço de liberalismo egoístico do *laisser faire*, *laisser-passer* dos fisiocratas franceses. Buscou um meio-termo compatível com os interesses subjacentes nas camadas sociais as mais diversas.

Assim sendo, ao mesmo tempo em que liberou o particular para esgotar-se em suas condições pessoais, intelectuais e econômicas, podendo ascender na escala social, colocou o Estado como balança de tais possibilidades, assegurando a vida harmônica e pacífica dentro do jogo de interesses.

Sob nosso ângulo de análise, centrar-nos-emos na redução do Estado a seu limite normativo, liberando o homem na expansão de suas potencialidades.

4.3 Meio de dominação

A própria ideologia encartada nos preceitos básicos da organização jurídica do Estado serve como meio para o asseguramento do controle da sociedade. O Direito deixa, aqui, então, de ser uma análise estritamente jurídica da disciplina comportamental, para ser visto como forma de dominação da sociedade a que se dirige. Como afirma Max Weber, "debe entender-se por dominación, de acuerdo con la definición ya dada, la probabilidad de encontrar obediencia dentro de un grupo determinado para mandatos específicos" (*Economía y Sociedad*, p. 170).

Importa, hoje, a dominação denominada burocrática (além da racional e da carismática), onde prevalece a idéia de que: a) todo Direito pactuado ou outorgado pode ser estatuído de forma racional (com vista a fins ou a valores) com intenção de ser respeitado; b) todo direito é um cosmos de regras abstratas; c) o soberano manda, mas obedece a ordens impessoais; d) o que obedece só o faz enquanto membro da associação e só obedece ao Direito.

Como bem afirma Sérgio Buarque de Holanda, "no Brasil, pode dizer-se que só excepcionalmente tivemos um sistema administrativo e um corpo de funcionários puramente dedicados a interesses objetivos e fundados nesses interesses. Ao contrário, é possível acompanhar, ao longo de nossa história, o predomínio constante das vontades particulares que encontram seu ambiente próprio em círculos fechados e pouco acessíveis a uma ordenação impessoal" (*Raízes do Brasil*, p. 106).

Sendo assim, o Estado exerce a fiscalização das atividades econômicas desenvolvidas pelos particulares. Por antecipação, ao regulá-las, pode intervir no processo produtivo, impondo *limitações* à liberdade estabelecida aos particulares. Para tais limitações, seja ao processo ordenador e regulador da atividade econômica, seja na repressão ao abuso do poder econômico, o Estado é dotado de plexo de competências para assim agir. Daí o *condicionamento* que opera na liberdade e propriedade dos indivíduos para compatibilizá-las com o desenvolvimento normal da sociedade. É o que decorre dos §§ 4º e 5º, do art. 173 da CF.

4.4 Incentivo da atividade econômica

Da mesma forma que o Estado pode *condicionar* comportamentos, tem importante atribuição (dever) de *incentivar* e *planejar* o desenvolvimento da atividade econômica. Como ressalvou Eros Grau, o planejamento "é forma de ação racional caracterizada pela previsão de comportamentos econômicos e sociais futuros, pela formulação explícita de objetivos e pela definição de meios de ação coordenadamente dispostos" (*Ordem Econômica...*, p. 262).

O incentivo impõe o financiamento, a orientação, a indução do produtor a determinada atividade. O planejamento não significa que o Estado possa intervir no fator produtivo; vai apenas orientá-lo.

Pode o Estado, como agente produtivo, ao lado de incentivar e planejar o desenvolvimento da atividade econômica, *criar empresas públicas, sociedades de economia mista ou outras entidades*, para exploração da atividade econômica (§ 1º do art. 173 da CF). Em tal caso, sujeitam-se elas ao Direito Privado, sofrendo o impacto de alguns princípios de Direito Público. Não deixam de ser empresas estatais, uma vez que mantêm vínculo jurídico tutelar com o Estado; todavia, no exercício de suas atividades, são empresas como quaisquer outras, não podendo usufruir qualquer privilégio (§ 2º do art. 173).

Assim, para desenvolver, por exemplo, campo que não esteja suficientemente explorado pela iniciativa particular ou em que esteja ela ausente, poderá ser criada empresa estatal, para típica prestação de atividade econômica.

4.5 Administração indireta

Na realidade, cria o Estado entidades da Administração com a intenção óbvia de interferir no jogo econômico. E, quando menos, para que tenha, dentro dos quadros administrativos, cargos e funções para distribuição quando de eleições. Há sempre a saída de que se cuida de emprego em "comissão". Sob a capa da necessidade de criação de entidade da Administração descentralizada, para efeito de organizar ou explorar atividade econômica, vai junto a intenção de procurar lugares para colocação de pessoal apaniguado. É evidente a distorção, dentro da realidade social.

A criação de órgãos especializados em estatística, por exemplo, pode servir para apresentar quadro incompatível com a necessidade real do Poder Público. Serve para manipulação de tais dados, favorecendo as iniciativas oficiais.

O domínio do mercado financeiro através de bancos oficiais destina-se a fortalecer determinados setores da economia nacional, em prejuízo de outros pontos. Afirma Tércio Sampaio Ferraz que, "com isto, na prática da ordem econômica, que exige decisões rápidas e imediatas, revela-se relativamente fácil dizer qual o fundamento da intervenção, mas extremamente difícil apontar em que casos ela não cabe. Em consequência, o que vemos é, de fato, o Conselho Monetário Nacional, que detém, por lei, o poder normativo em matéria de moeda, crédito e instituições financeiras, deixando para o Banco Central a tomada de resoluções, redação e publicação delas. E o poder de execução que a lei atribui ao Banco Central assume excessiva amplitude, que alcança até a própria norma a que deve ater-se o executor" ("Fundamentos...", *RDP* 47-48/270 e 271). Está evidente que tudo há que estar regrado e previsto em lei anterior.

Da mesma forma, o mercado pode ser subsidiado não pelas reais necessidades de agricultores, comerciantes e industriais, mas em virtude de amizades e interesses jamais prestigiados pelo ordenamento jurídico. Personaliza-se o domínio e a assessoria sempre joga com suas conveniências pessoais, que nem sempre são as comuns.

Os interesses de empresas multinacionais pressionam setores governamentais para favorecimento em prol de vantagens econômicas. Inclusive, com tal procedimento, opera-se verdadeira sangria na economia interna. Por vezes, conveniências econômicas atingem o próprio equilíbrio ecológico e a instalação de indústrias em pólos de preservação nem sempre é obtida por meios jurídicos.

A realidade jurídica é uma; a realidade social é outra. Normalmente, o Direito, expede normas hábeis ao controle das distorções verificadas. Às vezes, o veículo normativo serve de instrumento a que interesses pessoais e particulares suplantem os interesses reais da comunidade. Dentro da visão weberiana, "desde el punto de vista puramente 'conceptual' el 'Estado' en ninguna parte es necesario, por tanto, para la economía" (ob. cit., p. 272). A economia desenvolve-se paralelamente ao Estado. Tenta este segurá-la dentro de certos limites, impondo restrições. Inclusive, quando o Estado se vale de seu poder de polícia ao cuidar da economia, pode utilizar os mais diversos meios de pressão, para subjugar a sociedade civil, esgotando seus recursos.

4.6 Atuação direta

É fundamental, como ensina Eros Grau, sabermos que intervenção pressupõe agir na esfera do privado (*Ordem Econômica...*, p. 83). Tem o Estado seu campo de atuação gizado na prestação de serviços públicos. O domínio econômico, em princípio, é-lhe vedado. Todavia, bem diz o art. 173 da CF que a "exploração direta" da atividade econômica "só será permitida" em face da presença dos valores segurança nacional e relevante interesse coletivo, tal como "definidos em lei". O limite de atuação, pois, é a lei. Somente esta pode habilitar o Estado a intervir no domínio econômico.

Com base no art. 173, a Constituição ressalva outros casos. São aqueles mencionados por Eros Grau, ao ensinar que "tais casos, como anotei, são os previstos no art. 177 e no art. 21, XXIII" (*Ordem Econômica...*, p. 247).

A vedação atinge as estatais, uma vez que devem submeter-se "ao regime jurídico próprio das empresas privadas, inclusive quanto aos direitos e obrigações civis, comerciais, trabalhistas e tributários" (inciso II do § 1º do art. 173), não podendo usufruir privilégios fiscais (§ 2º do art. 173). Haverá responsabilidade nos casos de abuso (§ 4º do mesmo dispositivo constitucional).

De outro lado, pode o Estado exercer o que Eros Grau denomina de intervenção por direção e indução (*Ordem Econômica...*, p. 82). No primeiro caso, exerce pressão sobre a economia e, no segundo, manipula os instrumentos de intervenção. É a ação de regulação da atividade. Pode reprimir o abuso do poder econômico (§ 4º do art. 173) e, "como agente normativo e regulador da atividade econômica, o Estado exercerá, na forma da lei, as funções de fiscalização, incentivo e planejamento, sendo este determinante para o setor público e indicativo para o setor privado" (art. 174 da CF).

Ensina Eros Grau que "do exame da regra se verifica que o Estado – União, Estados-membros e Municípios – há de atuar dispondo sobre e regulando a atividade econômica, expressão aqui tomada em sentido amplo. Competência normativa para tanto, em matéria de Direito Econômico, à União e aos Estados-membros atribui o art. 24, I; ademais, no mesmo sentido, inúmeros outros preceitos constitucionais, entre os quais os do parágrafo único do art. 170, dos incs. VII e VIII do art. 22 etc. Além disso, também os Municípios, como União e Estados-membros, dispõem normas de ordem pública que alcançam o exercício da atividade econômica. Também se verifica, de outra parte, que o Estado promove regulação da atividade econômica" (*Ordem Econômica...*, p. 260).

Pode haver a intervenção sob regime de monopólio, nos exatos termos do art. 177 da CF, como esclarece Hely Lopes Meirelles: "monopólio é a exclusividade de domínio, exploração ou utilização de determinado bem, serviço ou atividade. Característica do monopólio é a privatividade de algum direito ou de alguma atividade para alguém. Monopólio estatal é a reserva para o Poder Público de determinado setor do domínio econômico" (*Direito Administrativo Brasileiro*, p. 614).

O monopólio só pode ocorrer sobre a matéria discriminada no art. 177 da CF. Caso assim não fosse, teríamos a exclusividade sobre todo o domínio econômico, o que daria como conseqüência a alteração do regime de governo, esvaindo-se a economia privada, passando-se a regime tipicamente socialista.

Anota o eminente autor citado que pode constituir monopólio a matéria discriminada no art. 21, incisos VII, X, XI e XII (ob. cit., p. 547).

Observa-se, aqui, que o monopólio somente pode ocorrer em atividade que não seja própria do Estado. Nos casos mencionados pelo autor, todas constituem-se em deveres que o Estado tem que prestar ao indivíduo. Logo, pode exercer tais atividades de forma exclusiva ou não. Ao referirmo-nos a monopólio queremos significar que o Estado pode prestar atividade típica dos particulares e não monopolizar as próprias. Daí ensinar Ataliba que não tem cabimento falar em monopólio no caso de serviço público ("Sabesp", *RDP* 92/87).

As atividades econômicas previstas no art. 177 devem ser prestadas pelo Estado em regime de monopólio (Eros Grau, *Ordem Econômica...*, p. 109).

Cabe fiscalizar o ramo de seguros, resseguros, previdência e capitalização (inc. II do art. 192) e manter instituição bancária oficial (inc. I do art. 192). Cuida-se de típica atividade econômica, agindo o Estado no mesmo nível de qualquer particular. Assim, quando o Estado institui um banco (Banco do Brasil S/A, Caixa Econômica do Estado de São Paulo S/A, p. ex.), não está prestando qualquer serviço público, mas exercendo típica atividade econômica.

4.7 Exercício do poder de polícia

Dispõe o inc. II do art. 145 da CF que a União, os Estados, o Distrito Federal e os Municípios poderão instituir, além dos impostos, taxas "em razão do exercício do poder de polícia".

Embora o termo tenha sido objeto de muitas críticas, questionando-se, inclusive, sua utilidade, nossa Constituição dele se vale para tê-lo como um dos fatos geradores da cobrança de taxas. Embora não seja objeto específico de nosso estudo, impõe-se conceituá-lo, apartando-o dos demais conceitos, para que possamos limitar nosso objeto de análise.

Alf Ross afirma a inutilidade de certas expressões (*Tû-tû*), o mesmo fazendo Agustín Gordillo (*Tratado de Derecho Administrativo – Parte General*, t. 2, Cap. XII-7), ao afirmar que "não existe hoje em dia uma 'noção' autônoma e suficiente de 'poder de polícia'; não existe porque essa função distribui-se amplamente dentro de toda a atividade estatal".

Diante da extensão do conceito, que abarca inúmeras coisas distintas (p. ex., haveria o poder de polícia sobre a economia, sobre a pesca, a caça, o urbanismo, a segurança, a estética etc.), seria ele inútil, na medida em que, para saber dos limites de determinada atividade, tem-se que analisar um sem-número de leis e as conclusões nem sempre são as mesmas. Daí, apregoam os autores, a desnecessidade do conceito "poder de polícia".

Sem embargo de assim ser, o mesmo se podendo dizer do direito subjetivo, da propriedade etc., em verdade, serve de importante ferramenta para que distingamos situações, prevenindo problemas, e, fundamentalmente, para que classifiquemos e ordenemos o raciocínio em torno de inúmeros questionamentos jurídicos.

Demais disso, existe o conceito em nosso Direito e, por isso, impõe-se analisá-lo. Mesmo porque serve de fato gerador de um tributo denominado taxa. A propósito, veja-se nosso livro sobre *Taxas de Polícia*.

Limitações podem ser impostas à liberdade e propriedade dos indivíduos, sujeitando-os à adequação de comportamentos hábeis à convivência em sociedade. Apenas pode haver plenas condições para o desenvolvimento das potencialidades humanas se os comportamentos forem adequados à vida em sociedade. Os lindes do permitido devem ser fixados pelo Poder Público nas leis, preservando o pleno exercício dos direitos.

O Estado disciplina comportamentos humanos, restringindo-os ou fazendo com que sejam exercidos nos limites do permitido pelo ordenamento jurídico. Daí o poder de polícia. Como ensinava Ruy Cirne Lima, significa "toda restrição ou limitação coercitivamente posta pelo Estado à atividade ou propriedade privada, para o efeito de tornar possível, dentro da ordem, o concorrente exercício de todas as atividades e a conservação perfeita de todas as propriedades privadas" (*Princípios de Direito Administrativo Brasileiro*, p. 96).

Diga-se que o exercício do poder de polícia é atividade privativa do Poder Público. Após realizar análise sobre o instituto, finalizamos entendendo o poder de polícia "como a atividade da Administração Pública destinada a limitar o exercício da atividade dos particulares, adequando-a aos interesses encampados no sistema normativo, impondo-lhes uma abstenção" (*Taxas...*, p. 35).

Hoje, fazemos restrição à "abstenção", uma vez que o exercício do poder de polícia pode impor uma obrigação de fazer ou de suportar.

Sendo assim, espraia-se a atividade administrativa em uma série de campos de ingerência, limitando e adequando comportamentos.

4.8 *Documentação jurídica*

O Estado, diante da relevância de certos comportamentos, deve preservar os documentos por eles emitidos ou, diante da importância de alguns fatos sociais (nascimento, morte) geradores de efeitos jurídicos, atribui-lhes necessidade de que fiquem autenticados em repartições do próprio Estado, ou de particulares devidamente credenciados (expressão ampla) para seu mister. Da mesma forma, assegura "privilégio" para utilização de inventos industriais e protege "marcas" ou "signos distintivos" (inc. XXIX do art. 5º da CF), que devem ser registrados. Cabe-lhe proteger documentos históricos (inc. III do art. 23). Dispõe que os serviços notariais e de registro são exercidos "em caráter privado, por delegação do Poder Público" (art. 236 da CF).

Em suma, é importante, para preservação de atos e fatos reputados de importância e que possam produzir efeitos jurídicos, que o Estado assegure sua perpetuidade, preservando-os da ação do tempo. É importante que assim proceda.

4.9 Atividade instrumental

Como ensina Celso Antônio Bandeira de Mello, o Estado "munese, por via voluntária ou compulsória, dos agentes e dos recursos materiais necessários ao implemento de todos os seus cometimentos" (*Prestação de Serviços Públicos e Administração Indireta*, p. 17). Assim, através da via arrecadatória abastece seus cofres para suportar as despesas que tem. Adquire imóveis, móveis, semoventes. Expropria bens. Requisita coisas ou serviços. Através da licitação, contrata serviços e coisas de que tem necessidade. Realiza concursos para composição de seu aparato burocrático, ou admite para exercício de cargos em comissão.

Sem tal atividade, que denominamos instrumental, não pode o Estado funcionar. No desempenho de seus misteres, definidos como necessidades a que deve atender, o Estado não prescinde de agentes e meios materiais para cumprir suas finalidades.

Impõe, em conseqüência, sacrifícios de direitos, como a desapropriação de bens, a servidão etc.

Deve arrecadar tributos, e para tanto tem que manter a máquina burocrática em funcionamento.

Está o Estado credenciado a requisitar serviços (militar, Júri, eleitoral).

Em suma, não são essas suas atividades essenciais, a que denominamos *finalidades públicas*, mas deve exercê-las, para manter em funcionamento toda a estrutura.

4.10 Serviços públicos

Por último, no rol de suas atividades, o Estado, presta *serviços públicos*. A noção que ora se analisa será de fundamental importância para a elaboração do raciocínio que se desenvolverá e básica para a compreensão da matéria objeto de análise.

A noção de serviço público tem sido bastante discutida entre os autores que trataram do tema. Não há consenso sobre o que seja, e muito menos acordo sobre o critério a ser eleito para sua identificação. Já se falou, em França, da crise da noção do serviço público (Jean-Louis Corail, *La Crise de la Notion Juridique de Service Public en Droit Administratif Français*; Marcel Waline, "Vicissitudes récentes de la notion de service public", *Révue Administrative* 5/23).

Autores há que procuram obtê-la tentando enfocar a *substância* da noção. Buscam conceito ontológico de serviço público. Alguns procuram sua identificação subjetiva, de forma a identificar a mera prestação por parte do Estado a qualificar o conceito. Assim sendo, todo cometimento constituiria serviço público. Tal noção seria supérflua, uma vez que se confundiria com a de função administrativa.

Para nossa convicção, buscaremos o conceito de serviço público a partir do ordenamento jurídico. Não estará, então, na essência da atividade, mas na determinação constitucional ou legal de assim ser, sem embargo do substrato material sobre que ela recairá.

Em verdade, o importante é que se esclareça ao interlocutor sobre o que se fala. Entendemos, na esteira de Celso Antônio, que o ordenamento normativo giza a conduta do Estado e fixa-lhe determinados comportamentos que lhe são obrigatórios. Assim, quando lhe impõe um *dever* de prestar determinada atividade e esta vai beneficiar materialmente alguém ou toda a sociedade, possibilitando-lhes usufruir comodidades, fala-se em *serviço público* (Celso Antônio, *Curso...*, p. 20). O dever de prestar pressupõe a sujeição do Estado a determinado *regime jurídico* que consagra, diante dos objetivos que tem que alcançar, o uso de determinadas "prerrogativas".

Não se pode ver a expressão "prerrogativa" como própria do Estado em *detrimento* da sociedade. Nem há choque com a orientação inicial imposta ao trabalho, de visualização do particular em relação com o Estado. É que, como tem ele, Estado, que cuidar de interesses coletivos, denominados públicos, tem que gozar de determinados *poderes* para o atingimento de suas finalidades.

Assim sendo, quando se fala em "privilégios" não se está falando na fruição de benesses e benefícios, mas na configuração de *deveres*, gizados pela competência expressamente fixada na Constituição Federal ou nas normas complementares. O magistrado, quando tem prerrogativas funcionais, não as usufrui em benefício próprio, mas da função que exerce.

Em suma, há estreita relação entre os privilégios usufruídos pela Administração Pública com os objetivos que tem a alcançar. Caso deles se desvie, haverá vício no comportamento administrativo.

Quando, pois, a Constituição Federal fala que "compete à União", outra coisa não está falando senão que tem ela o *dever* ou *poder-dever* de atingimento das finalidades que o ordenamento arrola. Assim, presentes os pressupostos fáticos, tem o dever de declarar a guerra e de celebrar a paz (inc. II do art. 21). Não é faculdade que fica ao alvedrio do administrador ou do agente político, mas dever de exercer determinada atividade. Aqui, pode-se falar no desenvolvimento de uma atividade tipicamente política, que não é administrativa. Daí não a termos arrolado como forma de atividade.

Dispondo o inc. X do art. 21 que compete à União "manter o serviço postal e o correio aéreo nacional", significa que tem ela o *dever* da prestação de determinada atividade. Tem que manter o serviço postal. Não pode deixar de tê-lo. Nenhuma outra entidade estatal pode prestar o serviço de correios. A União, e apenas ela (dentre as entidades estatais), é que pode manter o serviço postal.

Em suma, quando o Estado, através de seu instrumento de criação, determina a prestação de certa atividade, há *serviço pú*blico, que é *dever*.

Aos Estados cabe a competência remanescente daquela reservada à União (§ 1º do art. 25) e, especialmente, a distribuição do gás canalizado (§ 2º). Ao Município incumbe a eleição dos serviços públicos locais (inc. V do art. 30), sendo que o de transporte tem caráter essencial.

Observe-se o curioso. Desde logo a Constituição estabelece a prestação dos serviços de distribuição de gás aos Estados e de transporte ao Município, cabendo às entidades políticas fixarem o mais que deverão prestar através de suas Constituições e leis orgânicas.

Entendemos que a melhor noção sobre serviços públicos foi dada por Celso Antônio Bandeira de Mello (ob. cit.). Afirma que "é toda a atividade de oferecimento de utilidade ou comodidade material destinada à satisfação da coletividade em geral, mas fruível singularmente pelos administrados, que o Estado assume como pertinente a seus deveres e presta por si mesmo ou por quem lhe faça as vezes, sob um regime de Direito Público – portanto, consagrador de prerrogativas de supremacia e de restrições especiais – instituído em favor dos interesses definidos como públicos no sistema normativo" (*Curso de Direito Administrativo*, p. 612).

Em interpretação livre, podemos asseverar que o conceito de serviço público não pode ficar sujeito a qualquer ideologia, nem aquilo que deveria ser serviço público, assim considerado como real necessidade dos particulares. Não se pode ter uma noção metajurídica ou meramente estipulativa ou opinativa. Caso contrário, não teremos segurança nas afirmações. Importa saber a quem cabe definir quais os objetivos que o Estado deve atingir e deve procurar. Apenas assim é que poderemos saber o que pode o Estado cobrar em face de sua prestação.

O estudo sobre as atividades do Estado e sobre o significado dos serviços públicos é fundamental para colocarmos as coisas em seus devidos lugares.

Joguemos as dificuldades, para depois tentar resolvê-las. Dispõe o art. 145 da CF que a União, os Estados, o Distrito Federal e os Municípios poderão instituir os seguintes *tributos:* "I – impostos; II – taxas, em razão do exercício do poder de polícia ou *pela utilização, efetiva ou potencial, de serviços públicos específicos e divisíveis*, prestados ao contribuinte ou postos à sua disposição; (...)".

A idéia primeira é a de que, prestando a Administração Pública serviços, o pagamento deles somente pode ocorrer mediante *taxa*. Esta é espécie tributária e sujeita ao regime jurídico próprio dos tributos, como será posteriormente analisado.

Ocorre que o art. 175 da CF dispõe que "*incumbe ao Poder Público*, na forma da lei, *diretamente ou sob regime de concessão ou permissão*, sempre através de licitação, *a prestação de serviços públicos*".

A prestação direta dos serviços sempre enseja a cobrança da taxa? E a prestação no regime de concessão, permissão ou autorização? O que é concessão e quando ela ocorre? Todas as atividades administrativas podem ser concedidas? Há limitação? A concessão enseja a prestação de atividade aos usuários, e, pois, poderia haver alteração do valor dos serviços (estamos evitando o emprego de palavras de conteúdo emotivo comprometido) mediante decreto, ou mera portaria? Por que motivo o inc. III do parágrafo único do art. 175 fala em "política tarifária"? Significaria que pode haver cobrança de *preço* em face da prestação de serviços públicos? Qual o vínculo do poder concedente em relação ao concessionário e deste com o usuário? Todos são regidos pelo Direito Público ou há diferença? Pode haver serviço público remunerado por preço?

Tais indagações são relevantes para o presente trabalho.

Em primeiro lugar, deve-se buscar uma noção jurídica do que é o serviço público. Agustín Gordillo, crítico das noções inúteis em Direito Administrativo, aponta que o conceito está em "crise", o que leva os autores ou a propor concepções existenciais do serviço ou a abandonar a expressão. Taxativamente, assevera que "parece que não se pode admitir a noção virtual, funcional ou existencial do serviço público, com o alcance de que possa haver atividades que sejam um serviço público por sua própria natureza, independentemente de um ato expresso de reconhecimento por parte do Estado, pois nessa hipótese já a noção perdeu limites concretos e seu âmbito de aplicação praticamente pode abarcar qualquer atividade humana, haja ou não vontade estatal de considerá-la serviço público" (ob. cit., t. 2, cap. XIII-9).

Afastada a noção "livre" do serviço público, resta indagar se convém abandonar o conceito. Vê-se que, pelos próprios dispositivos constitucionais já mencionados, a noção existe no Direito brasileiro, cabendo ao jurista apartá-la de outras que com ela possam confundir-se e dar-lhe o significado jurídico que deva ter. A dificuldade não pode levar à desistência do enfrentamento.

Na esteira de Celso Antônio, podemos afirmar que se cuida de uma atividade material do Estado que fornece ao administrado uma comodidade usufruível materialmente. Assim, ao levantarmo-nos, acionamos o interruptor e acende-se a luz. Há evidente comodidade. Abrimos o chuveiro e sai água. São comodidades que nos são fornecidas pelo Estado.

Pode o serviço ser prestado pelo próprio Estado, diretamente ou sob regime de delegação, através das entidades da Administração indireta, ou sob regime de concessão, permissão ou autorização, conforme será aclarado posteriormente.

Na seqüência, arma-se que é imperioso um ato, seja ele a norma consagradora do serviço no nível constitucional, seja em nível legal. De qualquer maneira, é imprescindível uma manifestação do Estado que delibere sobre a prestação de determinada atividade, contida ela em texto normativo. Há, pois, a definição dos interesses do Estado, na forma prevista no ordenamento normativo.

Quando a Constituição da República determina que *compete* à União "manter o serviço postal e o correio aéreo nacional" (inc. X do art. 21), óbvio está que não deixou margem de escolha (ou de discricionariedade, como quisermos) para que fosse tal atividade (evita-se falar em serviço) prestada pelo Estado. Criou conduta obrigatória. Não pode o Estado deixar de ter o comportamento. É seu *dever* prestar a atividade definida na Constituição Federal.

Quando a Constituição, por decisão constituinte, estatui quais os fins que devem ser atendidos, ou, por definição do legislador ordinário, determina ao Estado que deva prestar determinada atividade, *institui um serviço público*.

Dentre os modais deônticos, o Estado vê-se obrigado a manter o serviço postal e o correio aéreo nacional. Ainda que não o queira, tem uma finalidade a cumprir.

Poder-se-ia dizer que, quando a Constituição fixa a competência das diversas entidades públicas, simplesmente pretendeu apartar, no grande plano das atividades estatais, quais seriam da União, dos Estados e dos Municípios. Por ser federativo o Estado, teria havido mera delimitação de competência.

O argumento é bom, mas padece de fundamento, a nosso ver.

Em primeiro lugar, ao atribuir competência, fixa dever. Este impõe necessidade de comportamento, que é obrigatório à atividade. Não há mera repartição de competência, que é pressuposto do exercício da atividade. Mas, em tese, não obrigaria à ação. Por nosso enfoque, a fixação da competência impõe o dever de agir. Logo, dá instrumento e conteúdo ao poder competente. Fixa-lhe comportamento ativo e obrigatório.

Em segundo lugar, as normas constitucionais não se destinam à repartição de competências, senão para delimitar ou atribuir ações.

Por último, o que importa é o regime jurídico a que se submete a atividade. Se outorga comodidade, sob regime de Direito Público, há o serviço qualificado do Estado.

Além de tal definição constitucional ou legal, discute-se se é importante o regime jurídico, entendido este como consagrador de prerrogativas de supremacia e de restrições especiais.

Ora, o regime jurídico tem sido bastante criticado. Fazemos ressalva à consagração de prerrogativas. Mas elas existem. Por exemplo, se for necessária a desapropriação de determinado imóvel ou área para a instalação dos serviços, o Poder Público pode lançar mão de tal rompimento dominial para haver a área. É prerrogativa que o particular não tem. Não é ela dada em face de interesses pessoais, mas em razão de titularizar conveniências coletivas ou sociais. Como personifica ou personaliza interesses de todos, ao Estado são deferidos poderes para que os utilize em prol da prossecução de suas finalidades. Não é pelo Estado, enquanto Estado, mas enquanto cumpridor de determinações constitucionais e legais.

Vista assim a noção de serviço público, pode-se dizer, com Waline, que é ela "à tort ou à raison, une question politique et non juridique" (*Traité Élémentaire de Droit Administratif*, 5ª ed., p. 287). Sem dúvida, tem razão o autor francês. Tanto é política que vem sendo definida politicamente. Não cabe a qualquer um entender o que é serviço público. O rol deles vem estabelecido na Constituição da República ou na lei, e, como tal, cuida-se de uma decisão política. Todavia, juridicamente verificável.

Daí a conseqüência de que, quando o ordenamento normativo determina ao Estado a prestação de determinada atividade que ofereça ao indivíduo e a toda a coletividade uma prestação materialmente fruível, está-se diante de um serviço público. A noção é política, no dizer de Waline, na medida em que vem definida em texto normativo. Não fica ao alvedrio do jurista decidir o que é o serviço, bastando identificar traços diferenciais de outras atividades prestadas pelo Estado.

Afirma Sainz de Bujanda que "o que bate no fundo de todas estas teorias é o conceito de serviço público, ao que vai associado o conceito de taxa, pois todos estes pretensos critérios de distinção se baseiam, na realidade, em notas características do serviço público no sentido tradicional" (*Notas de Derecho Financiero*, v. 2º, t. 1, p. 102).

Assinala Gaston Jèze, no original, que "il faut observer que la notion de tâche essentielle est tout à fait relative: elle varie d'aprés les pays et les époques. Les services (...) de santé publique sont ils des tâches essentialles de l'État? Cela dépend des pays e des époques" (*Cours Élémentaire de Science des Finances et de Législation Financière Française*, pp. 336 e 337).

É, sem dúvida, eleição política (José Juan Ferreiro Lapatza, "Tasas y precios: los precios públicos", in *Tasas y Precios en el Ordenamiento Jurídico Español*, p. 39).

No Brasil, a posição é a mesma. Afirma Cirne Lima que o conceito de serviço público é "essencialmente variável no tempo e no espaço" (ob. cit., p. 85). Marco Aurelio Greco ensina que "seriam serviço público as atuações, prestações que, num dado momento histórico, se tornassem importantes e necessárias para a coletividade" (*Norma Jurídica Tributária*, p. 63).

Como se deixou apontado, não se pode entrever o serviço público por sua substância. Pode-se entender o que significa e dar-lhe contorno jurídico. Todavia, definir, fora do ordenamento jurídico, o que seja o serviço ou o que não seja é matéria que deve ficar fora das cogitações jurídicas. Não há o serviço essencial para determinada sociedade. Como afirma Jèze, depende do país e da época. Determinada atividade do Estado pode estar descrita, no ordenamento jurídico, como dever do Estado, e, após alteração do momento histórico, passa-se a entender que não mais é dever do Estado aquela atividade, anteriormente definida como tal. Em suma, não se pode utilizar o que denominaremos de critério material – isto é, valermo-nos da essência de determinada atividade – para podermos fixar seu verdadeiro conteúdo. A definição do que seja serviço público depende, fundamentalmente, do ordenamento normativo. Este quem giza os interesses primordiais do Estado e determina os serviços que deve ele prestar à sociedade.

Com felicidade absoluta, Seligman põe a nu o problema da definição política. A página é de tal felicidade que convém transcrevê-la na tradução francesa de Louis Suret, para que bem se saiba sobre o que controvertem os autores. Afirma o autor que "nous arrivons maintenant à un dernier problème qui a suscité des difficultés considérables. Où classerons-nous le payement des services rendus par certaines entreprises gouvernementales, comme les canaux, la poste, les télégraphes et les chemins de fer? Y a-t-il là des impôts, des taxes, des payements obligatoires, ou, plutôt, n'y a-t-il pas là ce que l'on peut appeler des prix (*prices*), susceptibles d'être rangés parmi les revenus contractuels de l'État?

"Certains auteurs disent que, si le gouvernement s'occupe d'une entreprise publique telle que la poste, les droits perçus sont obligatoires, mais que, s'il dirige une affaire privée, comme une fabrique de chaussures ou un dépôt de charbon, le revenu fait partie du.domaine industriel. Il nous semble qu'il y a là une erreur très nette, car il n'existe pas une ligne de démarcation aussi profonde entre une affaire naturellement publique et une affaire naturellement privée. *Tout dépend de l'idée du moment à l'égard de la politique d'intervention gouvernementale.* La poste est partout entre les mains du gouvernement, simplement parce que cette entreprise naquit à une époque où l'on ne discutait pas la dite politique. Les télégraphes, les téléphones et encore plus les chemins de fer sont administrés par le gouvernement dans certains pays et par des institutions privées dans des autres, parce que ces industries se sont développées après la discussion relative aux limites de l'intervention de l'État" (*Éssais sur l'Impôt*, t. 2º, pp. 159 e 160). Continua o autor indagando se "y aurait-il une difference de principe si le gouvernement s'immisçait dans les affaires de charbon ou chaussures, pour imposer les gens qui servent de charbon ou de chausures? Ce peut, il est vrai, être une três mauvaise politique pour le gouvernement d'étendre des fonctions, mais il n'existe pas de ligne naturelle et immutable de séparation entre une affaire publique et une affaire privée, entre le monopole du tabac et le monopole du fer ou du pain. *Le limite est toujours fixée d'après le sentiment public temporaire à l'égard de la bonne politique sociale, mais la question de saivoir jusqu'à quel point les intérêts publics vitaux sont en jeu a été résolue et le sera toujours d'une façon différent dans les différents pays et aux différentes époques*" (idem, ibidem).

Fazendo-se tradução livre, temos: "Onde classificaremos o pagamento de serviços realizados por certas empresas governamentais, como os canais, o correio, os telégrafos e os trens? Há impostos, taxas, pagamentos obrigatórios ou, então, não há o que se pode chamar de preço (preços), suscetíveis de ser colocados entre as receitas contratuais do Estado?

"Certos autores dizem que, se o governo se ocupa de uma empresa pública como o correio, os direitos percebidos são obrigatórios, mas que, se ele dirige um trabalho particular, como uma fábrica de calçados ou um depósito de carvão, a receita faz parte do domínio industrial. Parece que há um erro muito claro, pois não existe uma linha de demarcação muito profunda entre um trabalho naturalmente público e um trabalho naturalmente privado. Tudo depende da idéia do momento da visão da política de intervenção governamental. O correio está sempre nas mãos do governo, simplesmente porque esta empresa nasceu numa época onde não se discutia a dita política. Os telégrafos, os telefones e ainda os trens são administrados pelo governo em alguns países e por instituições privadas em outros, porque estas indústrias se desenvolveram depois da discussão relativa aos limites de intervenção do Estado". Continua o autor indagando se "haveria uma diferença de princípio se o governo se imiscuísse nas atividades de carvão ou de sapatos, para impor aos trabalhadores que se servem de carvão e de sapatos? Pode-se, é verdade, ser uma péssima política para o governo dedicar-se a tais funções, mas não há linha natural e imutável de separação entre uma atividade pública e uma atividade particular, entre o monopólio do tabaco e o monopólio do ferro ou do pão. *O limite é sempre fixado segundo o sentimento público temporário à luz da boa política social, mas a questão de saber até que ponto os interesses públicos vitais estão em jogo foi resolvida, e o será sempre, de um modo diferente nos diferentes países e nas diferentes épocas*".

Acrescenta o autor que o mesmo serviço, em países diferentes, poderá ser remunerado por taxa ou por preço (p. 161). A seguir, busca o "sentimento dos cidadãos" (p. 165) para idealizar sua teoria e sua classificação dos preços.

A conclusão óbvia tirada pelo Autor deveria ter sido a de que o que distingue o preço da taxa é, exatamente, o regime jurídico. Este não é dado pela legislação, mas pela análise dos princípios que orientam determinada instituição. Fala ele no "sentimento" público que vai definir a necessidade. Modernamente, poderíamos assimilar tal orientação, com a prévia definição das necessidades públicas que é feita pelo poder constituinte. Seja na Constituição, seja nas leis inferiores, quem define a necessidade do serviço é o legislador. Independe da vontade ou da ideologia de cada um a definição dos interesses públicos satisfeitos, em parte, pelos serviços públicos. Encontra-se a definição na legislação e, acima dela, na própria Constituição da República.

Importante notar, de outra parte, que a Administração Pública, ao prestar os serviços que lhe são atribuídos, pode optar por dois caminhos: valer-se do regime de direito privado, através da concessão ou delegação, ou utilizar-se do direito público, prestando diretamente a atividade. Tal característica, todavia, não retira do usuário o direito a que o serviço lhe seja prestado, nem seu caráter público.

5

CONCESSÃO DE SERVIÇO PÚBLICO

5.1 Tarifa. 5.2. As Agências Reguladoras. As Organizações Sociais. As franquias.

Apoiamo-nos na noção de Celso Antônio ao definir concessão de serviço público como "ato complexo através do qual o Estado atribui a alguém o exercício de um serviço público e este aceita prestá-lo em nome do Poder Público sob condições fixadas e alteráveis unilateralmente pelo Estado, mas por sua conta, risco e perigos, remunerando-se pela cobrança de tarifas diretamente dos usuários do serviço e tendo a garantia de um equilíbrio econômico-financeiro" (*Prestação de Serviços Públicos...*, p. 35). Posteriormente, no seu *Curso de Direito Administrativo*, p. 643, o Autor apresenta-nos a mesma noção com algumas alterações, ao afirmar que "é o instituto através do qual o Estado atribui o exercício de um serviço público a alguém que aceita prestá-lo em nome próprio, por sua conta e risco nas condições fixadas e alteráveis unilateralmente pelo Poder Público, mas sob garantia contratual de um equilíbrio econômico-financeiro, remunerando-se pela própria exploração do serviço, em geral e basicamente mediante tarifas cobradas diretamente dos usuários do serviço".

Daquela primeira definição divergimos apenas no tocante a cuidar-se o vínculo de ato complexo. A nosso ver, cuida-se de um contrato, uma vez que o só fato de existirem cláusulas administrativas que podem ser alteradas pelo Estado e outras, chamadas econômicas, que não o podem, distancia o conceito do contrato de direito privado. Não é ato complexo em que há a mera inserção do contratante sob um plexo de normas. A existência de cláusulas que podem ser alteradas unilateralmente é que justifica a existência do contrato de Direito Administrativo. Caso fosse equiparado o contrato ao de direito privado, nenhum interesse ofereceria a matéria. Todavia, diante dos interesses encampados pelo Poder Público na transferência do exercício do serviço é que se preserva a possibilidade de alteração unilateral. A rescisão antecipada, a fiscalização, todas expressões de superioridade contratual, em decorrência da preservação dos interesses públicos, é que justificam a existência do contrato. Daí a divergência inicial. No mais, subscrevemos as definições.

Há transferência de mero exercício e tem o co-contratante a garantia da equação econômico-financeira da relação, que assegura a este a recuperação do patrimônio investido mais o lucro, que compõe a estrutura econômica do contrato de concessão.

O inc. I do parágrafo único do art. 175 da CF enseja a diferenciação do contrato de direito privado, legitimando a afirmação da existência do contrato de Direito Administrativo.

O problema que surge, aqui, é o de se saber se a transferência do exercício do serviço a um particular, ou a entidade de direito privado criada pelo Estado, dá margem à alteração do vínculo que une o usuário ao Estado. Caberia a transformação do serviço em privado pelo só fato de ter ele sido concedido? Onde estariam as garantias do administrado em face da Administração Pública? Quais os direitos que possui diante da alteração do serviço? Pode o Estado, transferindo o serviço, alterar a forma de sua prestação, fugindo dos rigores da exigência de taxa, possibilitando a cobrança de preços, frustrando a expectativa dos particulares?

Como anotamos em nosso *Manual de Direito Financeiro* (p. 36), "o concessionário, em sua origem, era o *particular* que assumia a prestação de serviços públicos. No entanto, com o desenvolvimento histórico das grandes civilizações, passou o Estado a criar entidades que fizessem o mesmo serviço, sob regime de direito privado (v. o art. 173 da CF). Quando uma das entidades políticas cria determinada entidade, a ela atribuindo caráter de direito privado e servindo esta como prestadora de serviços públicos pertencentes a outra entidade política, tem-se, também, a noção de concessionário (p. ex., a ELETROPAULO, a CESP [*hoje privatizadas*], que são sociedades de economia mista do Estado de São Paulo, mas concessionárias de serviço público federal). Tais entidades, embora componentes das denominadas estatais, pertencem a uma entidade política, mas são concessionárias de serviço público de outra. Tem-se, aí, conceituação delas como concessionárias, embora não sejam particulares, mas criadas ou instituídas pelo Estado".

Acrescentamos: "Quando, no entanto, o próprio Estado cria tais entidades, mas prestam elas serviços a ele afetos, tem-se mera *delegação de serviço*. Não se cuida de concessionária (embora para alguns efeitos legais, uma isenção tributária, p. ex., possam fazer parte do conceito). Trata-se, aí, da denominada descentralização administrativa (criação de uma entidade, por lei, para prestação de serviços públicos, ou, então, para intervenção no domínio econômico)".

Vê-se que são dois os tipos de concessão: a) ao particular e b) a uma estatal de outra pessoa jurídica de direito público.

Quando o Estado transfere a prestação do serviço a entidade que ele institui, *delega, não concede*.

Na opinião de Aurélio Pitanga Seixas Filho, ao analisar o problema, "quando a prestação do serviço público for transferida para uma *concessionária* (seja qual for a qualidade jurídica desta), permanece a natureza jurídica tributária para a remuneração paga pelo usuário, tendo em vista que a execução do serviço (público) é feita em regime de concessão, que, por definição, é um regime de Direito Administrativo" ("Taxa e preço público", in *Caderno de Pesquisas Tributárias* 10, pp. 28 e 29). No mesmo sentido opinou Carlos da Rocha Guimarães (idem, ibidem, p. 43).

Hamílton Dias de Sousa e Marco Aurélio Grecco sustentam que "a circunstância de o serviço público estar sendo prestado por um concessionário em nada altera a natureza jurídica da remuneração paga pelo usuário, que continua sendo uma taxa" (*Caderno...* cit. 10, p. 128). Acrescentam os autores que "disto decorre que esta ação deverá atender a todo o regime tributário, especialmente os princípios da legalidade, anterioridade etc. Para que não se alegue que esta conclusão seria absurda, por inviabilizar qualquer cobrança a esse título, que necessita ser flexível e ágil, em razão das mutações financeiras que a realidade enseja, cumpre lembrar que nada impede que a fixação concreta dessa taxa seja o resultado da aplicação de uma fórmula legalmente estabelecida" (ob. cit., p. 128). Sugerem os autores a adoção de fórmula de atualização automática, mas sempre atendendo ao princípio da anterioridade tributária, a fim de que o usuário não seja pego de surpresa.

A concessão apenas alcança o exercício do serviço, e não este próprio, tanto que pode ser revogada a qualquer tempo, retornando ele à titularidade do Estado. Entendemos que não é todo serviço que pode ser concedido. Há casos em que o Estado deve prestá-lo *diretamente* (CF, incs. X, XIII e XIV do art. 21, etc.). Eventualmente, pode *delegar* a prestação da atividade a entidade que ele próprio cria. Nem por isso deixa de ser atividade própria do Estado (p. ex.: a prestação dos serviços de transporte).

De outro lado, pode *autorizar, permitir ou conceder* a entidades estatais de outras entidades jurídicas (sob controle acionário estatal – inc. XI do art. 21 da CF) "os serviços de telecomunicações", ficando autorizado o Poder Público a criar "um órgão regulador" (com a redação dada pela Emenda Constitucional n. 8, de 15.8.1995).

Por último, pode haver *autorização, permissão ou concessão* a particulares dos serviços mencionados no inc. XII do art. 21 da CF, e que são: "a) os serviços de radiodifusão sonora, de sons e imagens (com a redação dada pela Emenda Constitucional n. 8/95); b) os serviços e instalações de energia elétrica e o aproveitamento energético dos cursos de água, em articulação com os Estados onde se situam os potenciais hidroenergéticos; c) a navegação aérea, aeroespacial e a infraestrutura aeroportuária; d) os serviços de transporte ferroviário e aquaviário entre portos brasileiros e fronteiras nacionais, ou que transponham os limites de Estado ou Território; e) os serviços de transporte rodoviário interestadual e internacional de passageiros; f) os portos marítimos, fluviais e lacustres".

Por cuidar-se de ato *intuitu personae* e por aplicação do princípio da igualdade é que o art. 175 da CF determinou que seja ela operada "sempre através de *licitação*", isto é, não é qualquer um que pode ser concessionário. Quer o Estado analisar quem irá prestar os serviços, identificando o prestador, regulamentando sua conduta.

Por ser *serviço público* é que o Estado conserva sua titularidade, podendo inspecionar sua prestação, alterar cláusulas contratuais, impor sanções e extinguir a concessão antes do prazo. A modificação das cláusulas é lícita (*RDA* 95/132 e *RTJ* 46/144). A rescisão unilateral é admitida (*RDA* 30/289). Hoje, tais poderes constam do texto constitucional (art. 175).

Ao concessionário asseguram-se a equação econômico-financeira do contrato e a inalterabilidade do objeto da prestação (art. 175 da Constituição).

O que mais importa, todavia, é o *usuário* (que tem assegurados seus direitos, nos exatos termos do inciso II do art. 175). Tem ele *direi-*

to ao serviço. Tem o direito de saber, de antemão, quanto vai pagar pelo serviço que lhe é prestado.

Assente-se que o interesse público não é o interesse da Administração Pública. Eventualmente, inclusive, pode ser conflitante. Decorre o interesse público da soma dos individuais. A quem cabe defini-los? Ao Legislativo, a quem compete sentir o pulsar da sociedade e transferir para os textos normativos os interesses que subjazem na comunidade para que legisla. Uma vez assentado em texto legal o interesse que deve ser perseguido pelo Estado, quais seus fins etc., cabe à organização burocrática sua prestação. Todavia, advirta-se, não é o Estado o titular do julgamento do que é e da forma por que se presta a atividade.

Surge, em conseqüência, uma questão básica. Transferindo o Estado ao particular ou a pessoa jurídica pertencente a outra entidade política, pode haver exigência de *preço* e não de *taxa*? A saber, se o Estado transfere a prestação do serviço a um concessionário, transmuda, em relação ao usuário, o vínculo jurídico, possibilitando a cobrança de preço e, pois, desprendendo a garantia dos princípios tributários, na forma disposta na Constituição da República?

Consoante se pode entrever no acórdão constante da *RTJ* 98/230, rel. o Min. Moreira Alves, "em face das restrições constitucionais a que se sujeita a instituição da taxa, não pode o Poder Público estabelecer, a seu arbítrio, que à prestação de serviço público específico e divisível corresponde contrapartida sob a forma, indiferentemente, de taxa ou de preço".

Como já afirmou Francisco Campos, "o certo é que a modalidade de administração do serviço público não modifica o caráter público do serviço. Explorado diretamente pelo Estado, ou mediante concessão do Poder Público, o serviço em um e outro caso mantém o seu caráter próprio e inconfundível: é *serviço público*" (*RF* 98/558).

Sendo assim, lição que se subscreve, o critério de distinção do pagamento de *taxa* e de *preço* não está submetido ao tipo de pagamento, mas ao *regime jurídico da prestação do serviço*.

Não se pode desconsiderar a relação Estado/usuário. Nem se pode ignorar que o serviço público tem como destinatário a população, que o usufrui. Ocorre que o Estado tem diversas maneiras de prestar seus serviços. Uma delas opera-se através do regime de concessão. Altera-se, aí, a equação. Já não mais é o Estado, diretamente, o prestador. Vale-se de serviços de terceiros que, no regime capitalista, tem como objetivo o lucro. Logo, o regime jurídico é diferente, seja o elo que se estabelece entre Estado/usuário, seja entre concessionário/usuário. Há um terceiro que entra no jogo, mudando as regras e o regime de prestação dos serviços.

Seria cabível a indagação: com tal alteração, fica prejudicado o usuário? Não, uma vez que cabe ao Estado fiscalizar o montante da cobrança. Na exacerbação, impõe-se o enquadramento do concessionário dentro daquilo que foi o conteúdo do contrato, seus limites e os denominados poderes do concessionário. De outro lado, verificando o Poder concedente não haver como deixar de atualizar o valor do preço, pode valer-se do subsídio, ou seja, da compensação financeira ao concessionário, tendo este a obrigação de manter adequado o serviço. É o que se rotula de preço político, através do qual o Poder Público mantém a prestação da atividade, sem prejudicar o usuário, assegurando e cumprindo os termos do contrato, preservando sua equação econômico-financeira.

O serviço público, quando prestado diretamente pelo Estado, somente admite uma forma de pagamento: é a taxa. No entanto, uma vez concedido, pode ser remunerado por preço. Dispõe o art. 145 que devem ser cobradas taxas em razão da prestação de serviços públicos específicos e divisíveis (inciso II). A leitura deste texto, isoladamente, leva à primeira impressão de que, prestando serviços públicos, o Estado somente pode cobrar taxas. No entanto, a Constituição deve ser lida em seu todo, efetuando-se uma análise de todos os seus dispositivos e combinando-os com os demais, harmonizando-os. Com efeito, o inciso III do art. 175 estabelece que deve existir uma política tarifária, quando se cuida de concessão ou permissão de serviços públicos. Logo, a leitura não flexível do primeiro dispositivo, pode levar a dificuldade de interpretação do segundo. Como a Constituição é um todo harmônico, admite-se que possa haver a cobrança de preços, quando o serviço público é prestado de forma permitida ou concedida. Ora, quando da celebração do contrato de concessão ou permissão, os prestadores de serviços devem ter em mente que não investirão recursos "para o público" com a finalidade de perderem dinheiro. Todo aquele que vem prestar serviços ao Poder Público, firmando com ele um contrato, já tem assegurado o retorno de seu capital e o lucro (é o que se denomina de equação econômico-financeira do contrato de concessão. Logo, caso haja mudanças efetivas na situação sócio-econômica e também na situação política, não pode o concessionário suportar eventuais ônus. Transfere-os à comunidade, em face do princípio da equação econômico-financeira.

A transferência opera-se em decorrência do contrato por cujo cumprimento obrigou-se o Poder Público. Este, de seu turno, tem a alternativa de repassar o custo ao usuário ou pode suportá-lo, através da subvenção das denominadas tarifas (a que denominamos preços). No caso de alteração substancial dos custos ou de grandes investimentos, a questão deve ter sido prevista no contrato. Não o sendo, opera-se o fato imprevisível, o que obriga ao repasse dos custos aos usuários.

Significa que, de imediato, deve ser alterado o preço cobrado dos usuários, não os podendo suportar o concessionário. O que pode ter havido é que tenha este tido lucro exorbitante e o Poder Público, também por força do contrato, imponha que este sofra a carga, diminuindo seus lucros. Enfim, a matéria deverá estar cuidada nas cláusulas contratuais. O que não tem sentido, de um lado é onerar o contratante pela imprevisão, nem onerar o usuário. No confronto, ou a situação encontra-se resolvida no contrato, ou deve o Poder Público suportar a carga, o que significa que é o próprio povo que irá suportá-la.

Admitimos, pois, em definitivo e depois de longa análise, que é possível a cobrança de preço em decorrência da prestação de serviços públicos, apenas na hipótese de se cuidar de permissão ou concessão.

Não que haja escolha ou opção do administrador, em definir a forma de cobrança. O que existe é harmonização dos dispositivos constitucionais, para permitir que o Poder Público preste seus serviços de forma mais adequada, flexibilizando a cobrança de preços.

Poder-se-á discutir sobre a perda da garantia do princípio da anterioridade. Se a taxa é tributo e este submete-se ao princípio da anterioridade, caso se admita a cobrança de preço, quebra-se tal princípio e, como tal, a garantia do contribuinte ? O que se poderia argumentar em contraposição, seria o fato de a Administração Pública levar em conta o aumento apenas após a mudança de exercício. Tal orientação, no entanto, dependerá do que for estipulado em contrato.

Pode a Administração suportar eventuais custos durante certo período, apenas em amor ao princípio da anterioridade. Seria solução? Claro que não, uma vez que seria ignorar que a carga, de qualquer forma, onera o usuário, porque, instituindo o denominado "preço político", ou seja, suportando o ônus tributário, quem estará pagando, em última análise, é o próprio contribuinte. Eventualmente, até servindo para concentrar renda, ao invés de servir de instrumento de distribuição.

Ives Gandra da Silva Martins acolhe a posição de Geraldo Ataliba ao esclarecer que defende ele, "com pertinência, a tese de que o serviço público essencial ou periférico não pode ser remunerado por taxa, em face de seu regime jurídico especial. Aqueles serviços a que se refere o art. 175 apenas seriam remunerados por taxas, e as atividades econômicas do art. 173, por preço privado ou público. José Afonso da Silva aceita a divisão das atividades mencionadas, embora não se tenha posicionado sobre a forma de remuneração" (*Comentários à Constituição do Brasil*, v. 6º, t. I, p. 201). Acrescenta o mestre que: "adoto idêntica postura, abrindo, todavia, exceção ao denominado serviço público periférico e não essencial" (idem, ibidem).

Cremos que, na medida em que a Constituição da República admitiu a prestação de serviços públicos através de permissão ou concessão, em Capítulo diferente daquele que cuida do sistema tributário, aceitou que pudesse existir atividade prestada pelo Poder Público que pudesse ser remunerada por outro tipo de entrada, a saber, o preço. Isso não quebra o sistema jurídico nacional; ao contrário, harmoniza-o.

A análise advém, também, do contido no § 3º do art. 150 da CF. Cuidando ele da imunidade tributária, estabelece que "as vedações do inc. VI, "a", e do parágrafo anterior não se aplicam ao patrimônio, à renda e aos serviços, relacionados com exploração de atividades econômicas regidas pelas normas aplicáveis a empreendimentos privados *ou em que haja contraprestação ou pagamento de preços ou tarifas pelo usuário*, nem exonera o promitente comprador da obrigação de pagar imposto relativamente ao bem imóvel".

Autores viram na Constituição anterior e vêm na atual, reforçada pelo dispositivo transcrito, a possibilidade de prestação de serviços públicos por *preço*. Fazem, então, distinção entre serviços públicos essenciais e não essenciais ou periféricos. Àqueles, a remuneração seria a taxa. Nos demais, o preço.

A distinção não vem alicerçada em qualquer critério. Sob a rubrica essencial, pode o intérprete colocar qualquer atividade. Pode dali retirar o que quiser. Em suma, o conceito de serviço público ficaria ao alvedrio do intérprete. Não pode ficar assim a garantia constitucional do administrado. Tem ela de assentar-se em sólidas bases, para não poder ser diluída por disposições legais ou volitivas dos administradores.

Geraldo Ataliba bem aponta o equívoco em que incidiu a doutrina nacional ao esclarecer que toda ela analisou o problema sob o regime da Constituição de 1946, que dispunha caber à União, aos Estados, ao Distrito Federal e aos Municípios instituir: "contribuição de melhoria (...); II – taxas; III – quaisquer outras receitas que possam provir do exercício de suas atribuições e da utilização de seus bens e serviços".

Esclarece que "esse sistema não só confundia taxa com preço, autorizando todo baralhamento conceitual, como dava liberdade ao legislador ordinário para fixar o regime remuneratório que desejasse, às atividades públicas, quaisquer que elas fossem" (*Hipótese de Incidência Tributária*, p. 163). Continua, afirmando que, "nesse clima, não tinha importância distinguir taxa de preço. Livre o legislador, a doutrina refletia, sem estranheza, tal liberdade, do mesmo modo que a jurisprudência. Podiam nossos doutrinadores negligenciar o tema, como fizeram, dando-lhe realce secundário e reproduzindo a literatura italiana, alemã, etc." (idem, ibidem).

A partir da alteração de 1965, com a EC 18, houve substancial modificação do sistema tributário, tornando-se obrigatória a prestação de serviços e sua remuneração através de taxas; no caso de serviços públicos concedidos ou permitidos, aceita-se o preço.

Nos serviços de transportes, por exemplo, somente se pode cobrar *taxa*. Primeiramente, diga-se que foi ele transformado em serviço *essencial* (inc. V do art. 30). Os Municípios são obrigados à sua prestação, nos limites de seu território, evidentemente. Já, em relação aos Estados-membros e à União, igualmente existirá o dever, se encampado por norma infraconstitucional.

Poder-se-ia argumentar que se cuida de serviço facultativo ou de exploração de domínio econômico, uma vez que cabe exploração por parte dos particulares.

Em verdade, a afirmação padeceria de juridicidade, uma vez que a prestação de tal serviço decorre de expressa disposição constitucional.

Não se pode pensar no caráter *da facultatividade*, como pretendem alguns. É que o povo apenas pode utilizar-se daqueles serviços, e não de outros. Poder-se-á afirmar que há opção de transitar por táxi ou por veículo particular. Todavia, que opção tem quem ganha mísero salário? Não se pode falar em opção, ainda que se queira pesquisar a realidade, transformando o Direito em exclusiva análise sociológica. É obrigatório o uso de transporte coletivo, à falta de opção válida.

Imaginem-se, ademais, os longínquos rincões do Brasil, onde os indivíduos apenas podem locomover-se até centros comerciais ou educacionais através de um único veículo e em determinado horário. Onde está a facultatividade? Onde o aspecto voluntário na conformação ou configuração do preço?

Não se pode tratar o Direito Tributário como o Direito do Estado, é o que se vem dizendo. Deve ser entrevisto como Direito limitativo do

Estado, assegurador de direitos individuais. Em distantes pontos do território nacional, o único meio de transporte pode ser o avião da FAB ou o barco da empresa transportadora, que por ali passa de mês em mês. Também pode ser o ônibus ou o caminhão que realiza o transporte apenas num único horário. Poder-se-á falar, aí, em facultatividade da prestação ou mera possibilidade de que o cidadão opte por ele? Que opção tem alguém que não tem opção?

Daí não se poder falar em obrigatoriedade da cobrança de taxa e facultatividade do pagamento do preço. Em dadas oportunidades, não há falar em ficar o serviço à mercê da vontade do administrador. Imagine o tabaréu ou o caiçara que apenas tem o dinheiro exato do transporte e, sem saber, vê elevado o valor da taxa. Como fará uso do transporte?

5.1 Tarifa

A Constituição da República, ao dispor sobre o regime das concessionárias e permissionárias de serviços públicos, fala em "política tarifária" (inc. III do parágrafo único do art. 175). No texto constitucional anterior falava-se em "fixação de tarifas" para remuneração dos serviços (art. 167).

O que se tem por "tarifa"? Cuidando-se de serviço público, com prestação direta, dúvida não há de que se cuida de taxa. O constituinte não é técnico em Direito, e, pois, pode utilizar termos equívocos ou ambíguos.

No mesmo sentido está utilizada a expressão no inc. I do § 2º do art. 43, ao dispor sobre os incentivos regionais, que compreendem "igualdade de tarifas", a significar que no transporte não se pode ter "valor" diferente quando o Município compuser o mesmo complexo geo-econômico e social, ou seja, estiver compreendido no que se denomina "região". Os incentivos regionais, fala o texto mencionado, dizem respeito a "custos e preços de responsabilidade do Poder Público" (parte final do inciso I do § 2º do art. 43). Poder-se-ia indagar: o que quis o constituinte dizer com "preços" de responsabilidade do Poder Público?

Em suma, o nome não serve para alterar a substância das coisas. O rótulo é apenas um rótulo, não servindo para modificar o conteúdo dos continentes. A propósito do tema, sugestiva explicação de Roque Carrazza em seu *Curso de Direito Constitucional Tributário* (nota 65, p. 482).

A tarifa significa o preço tabelado, podendo alcançar também a taxa. Tarifa é o tabelamento de valores. Escala. Quando a lei ou ato administrativo dispõe que o valor do transporte será de "x" para determinado trecho e de "x + y" para trecho maior, significa que o serviço está tarifado.

Em suma, os nomes nada significam. São rótulos, como se vê. O que vale é o regime jurídico a que determinada situação está submetida. Logo, quando o Poder Público presta diretamente serviços públicos, exige taxa. Quando permite ou concede, pode cobrar através de preços, dependendo do que foi estipulado em contrato.

5.2 As Agências Reguladoras.
As Organizações Sociais. As franquias

AGÊNCIAS REGULADORAS. A fim de consolidar a Reforma Administrativa, o ex-Ministro Bresser Pereira apresentou ao Congresso Nacional longa exposição sobre os objetivos da proposta. Nela, previa-se a criação das denominadas agências reguladoras, à imagem do que já existe nos Estados Unidos (*agencies*). Teriam elas seus dirigentes nomeados pelo Presidente da República e ampla liberdade para gerir o orçamento recebido, para administrar seus funcionários, instituindo critérios de admissão, disciplina funcional, movimentação interna, pagamento e dispensa. A pressuposição é de que sejam eficientes e dirijam o objeto da instituição.

No art. 21, inciso XI, da Constituição da República, foi estabelecida a "criação de órgão regulador e outros aspectos institucionais", que cuidaria dos serviços de telecomunicações, instituindo-se a ANATEL (Lei 9.472, de 16.7.1997). O art. 177, § 2º da Constituição cuidou de "órgão regulador do monopólio da União" relativo à exploração, em todas suas fases, do petróleo.

É possível a criação, por lei, de outras agências? Discussão que se instaurou dizia respeito à possibilidade de outras agências serem criadas, uma vez que a Constituição apenas cuidou destas. Ora, há uma permissão livre para que outras agências sejam criadas. Não é porque a Constituição apenas cuidou de duas, foi que impediu que outras fossem instituídas. O constituinte *determinou* que duas fossem criadas, não tendo imposto qualquer restrição a que outras instituísse o legislador ordinário. Nos casos que explicitou, há a obrigatoriedade do caminho a seguir. Nos demais, livre está o Poder Legislativo para instituir.

O que significa expedição de normas regulatórias? Problema mais agudo diz respeito ao que significa a "regulação". Podem, as agências, impor normas de sujeição obrigatória aos particulares – ou prossegue a essência do princípio da legalidade insculpido no art. 5º, inciso II, da Constituição da República? Evidente está que o que está previsto na Constituição não pode ser esvaziado por outro dispositivo. Princípios são a parte mais essencial da Lei Maior. Conquista da humanidade de que apenas há obrigatoriedade de comportamento em decorrência de lei, evidente está que a agência não pode inovar o mundo jurídico instituindo normas obrigatórias, sem calço legislativo. Logo, o que exceder da possibilidade meramente regulatória da agência, ilegal e inconstitucional será. Quais os limites, então?

Em primeiro lugar, diga-se que pode a agência, em seu interior, dispor da forma que bem entender para disciplinar a forma da prestação dos serviços, o horário de trabalho de seus servidores, contagem de tempo de serviço, local de trabalho. Expedirá, com vínculo obrigatório, normas internas de serviço, vinculando seus servidores e a forma de prestação de suas atividades. Externamente, pode ditar regras vinculantes sobre a forma de prestação dos serviços, cálculos para medição e cobrança dos serviços prestados etc.

O que não pode, em hipótese alguma, é criar obrigação nova. Primariamente, somente o ato legal é que pode invadir a esfera íntima do indivíduo, criando direitos ou obrigações. Respeitados tais limites, remanesce toda uma margem de expedição de atos normativos, que são obrigatórios, mas respeitado o núcleo dos direitos individuais e sociais, tais como estabelecidos na Constituição.

O poder sancionatório. Quem tem o poder de fiscalizar, tem o poder de sancionar. É decorrência lógica do pressuposto. Se cabe à agência regular o comportamento das empresas prestadoras de serviços públicos, seqüência inevitável é a competência punitiva. De pouco adiantaria dar ordens, determinações e não poder exigir seu cumprimento. O poder de sancionar decorre do dever de fiscalizar. Nascem, daí, situações jurídicas sobranceiras, ou seja, a posição da agência é de controle, isto é, tem o dever de zelar pela boa e eficiente prestação dos serviços públicos. Caso haja descumprimento das normas legais ou reguladoras expedidas pela agência, as empresas vinculadas estarão sujeitas às sanções estabelecidas em lei. Como a descrição da infração e da punição correspondente devem estar previstas em lei, nasce para a agência a possibilidade de aplicação da sanção.

Os vínculos jurídicos. Deve ser ressaltado que há vínculos jurídicos existentes na forma fiscalizada da prestação dos serviços. O primeiro deles diz respeito ao relacionamento do Poder Público com a agência. Há o que se denomina tutela, ou seja, o poder de controle sobre o cumprimento da norma legal. Cabe ao Poder Público nomear o Presidente da agência, eventualmente compor a Diretoria, conforme dispuser a lei, exigir prestação de contas, fiscalizar a sintonia da gestão com os ditames maiores dos interesses públicos. Em segundo lugar, há o vínculo da agência reguladora com as empresas prestadoras de serviços públicos. É vínculo de sujeição, fiscalização e controle – e aí a essência da instituição das agências, que é o poder regulador, através do qual são expedidas normas de obediência obrigatória (desde que não ilegais ou inconstitucionais). E, por fim, o terceiro vínculo que é o relacionamento das empresas prestadoras de serviços públicos com os usuários. Aqui, o elo é apenas o da boa prestação do serviço. Tem o usuário o direito de exigi-la e a empresa o de prestá-la.

Nesta última interação, os outros ficam apenas em caráter subjacente à relação daí nascida. No entanto, todos os vínculos são públicos.

Regime jurídico do pessoal. O regime jurídico do pessoal admitido é o de servidor público. Rompido o denominado "regime único", nasce a possibilidade de diversos vínculos, tais como o celetista, o especial etc. Sendo assim, sujeitam-se os estatutários a um estatuto, e à CLT, os demais. Os cargos em comissão e as funções de confiança devem estar devidamente previstos na lei instituidora da agência. Terá o servidor, como qualquer outro, suas garantias funcionais e seus direitos, que devem ser exigidos perante a agência e, uma vez negados, abre-se a porta judicial para preservá-los.

As ORGANIZAÇÕES SOCIAIS. Concomitantemente com a reforma administrativa, sobreveio a figura rotulada de "organização social". Disciplina a matéria a Lei 9.637, de 15.5.1998, cabendo ao Executivo "qualificar" pessoas jurídicas de direito privado, sem fins lucrativos, "cujas finalidades sejam dirigidas ao ensino, à pesquisa científica, ao desenvolvimento tecnológico, à proteção e preservação do meio ambiente, à cultura, e à saúde, atendidos aos requisitos previstos nesta lei". Há, pois, delimitação de matéria, mas deve ser o intérprete generoso no ampliar as possibilidades da admissão.

A qualificação decorre do atendimento dos requisitos previstos no art. 1º, o que denota vinculação do Poder Público. Ainda que o inciso II estabeleça que a aprovação fica subordinada à conveniência e oportunidade do Ministro ou do titular do órgão supervisor ou regulador da área, evidente está que os requisitos são vinculantes. O dispositivo só pode ser entendido em relação ao momento em que ocorre o pedido de qualificação, mesmo porque não está obrigado o Poder Público, a todo instante, abrir o procedimento de habilitação. Remanesce à discrição do Poder Público o momento, a forma de proceder; desde que satisfeitos os requisitos constantes do art. 2º, indisputável a vinculação e a obrigatoriedade da qualificação.

É essencial a participação da sociedade civil na estrutura interna da organização social. Como diz Bresser Pereira no tocante à "Introdução" à Reforma Administrativa, "o reconhecimento de um espaço público não-estatal tornou-se particularmente importante em um momento em que a crise do Estado aprofundou a dicotomia Estado/setor privado, levando muitos a imaginar que a única alternativa à propriedade estatal é a privada". São espaços não exclusivos do Estado, tais como museus, hospitais etc., que podem ser transformados em organizações sociais. Demais, há necessidade de um contrato de gestão com o Poder Público para que possam, inclusive, participar do orçamento público.

No Conselho de Administração da entidade, há a obrigatoriedade de participação da sociedade. Cabe a ela qualificar-se e, posteriormente, firmar o denominado contrato de gestão, que terá a fiscalização do Poder Público. Poderão elas receber recursos orçamentários e bens públicos. É o que se denomina de fomento, decorrente não só dos estímulos que podem ser carreados, a título de ajuda material e financeira, como também poderá haver cessão de servidores.

Como participante de bens da vida essenciais à coletividade, a responsabilidade da organização social somente pode ser objetiva.

Há severas críticas de juristas a respeito do tema em tela. Toda novidade surpreende e causa pasmo. As novidades sempre causam temor. O que temos que deixar claro é que, diante da declaração dos direitos individuais, dos sociais e de todo o plexo normativo constante da Constituição da República, e por estarmos num Estado de Direito, com as instituições funcionando e o Judiciário sendo livre, não há risco de desvirtuamento das atividades. Melhor dizendo, risco há, mas, tal como em qualquer outra atividade, há mecanismos de controle sobre ela, instrumentos jurídicos de controle e porta aberta para o acesso ao Judiciário.

São modernizações a que não estamos acostumados e institutos importados a que nossos escaninhos mentais vão sendo obrigados a ceder. Os rituais a que estávamos acostumados vêm sendo modificados, e novas informações, provindas de outros países e de outras ordens jurídicas, vão transfigurando nossos modelos mentais, obrigando-nos a estudar outros institutos e novas formas de prestação de serviços públicos.

Nem por isso tudo está perdido. Preservados os direitos individuais, resta-nos acomodar as inovações, dentro dos parâmetros da legalidade.

A FRANQUIA. Moderno instituto, o da franquia, também vem sendo utilizado pelo Poder Público. No direito privado, cuida-se de contrato, através do qual uma empresa utiliza a marca da outra e seu conhecimento na área, mediante pagamento. Significa que o franqueado irá utilizar a marca do franqueador para seu uso pessoal, valendo-se da fama da marca, com finalidade lucrativa, o que possibilita a comercialização do produto ou dos serviços.

Tanto quanto uma marca pode ficar consagrada no âmbito comercial, o Poder Público igualmente pode projetar, de tal forma, determinado serviço, que fica marcado como serviço ou produto importante no mercado. Passa a ter valor. Logo, indaga-se: poderia a marca ser cedida em "franchising" a particulares?

O denominado Direito Administrativo autoritário oxigena-se com a entrada de novas formas de intervenção no domínio contratual. Especialmente onde há relacionamento intersubjetivo é que fluem novas formas, através das quais o Estado flexibiliza sua atividade, permitindo a entrada de terceiros na prestação de serviços.

Assemelha-se a franquia ao contrato de concessão, informa Maria Sylvia Zanella Di Pietro (*Parcerias na Administração Pública*, p. 156). Ambos impõem a transferência de parcela de atividade a terceiro (Poder Público/concessionária ou franqueada), que vem definida como serviço público, podendo haver entrega de bens públicos ou não (no caso de franquia é mais raro) e pagamento e uma retribuição pecuniária. Na seqüência, a ilustre autora mostra os dados que estremam os dois institutos (ob. cit., p. 158, item 7.3.2).

Evidente que se cuida de mais uma inovação que facilita a mobilidade com que deve o Poder Público agir. Sem desrespeitarem direitos, cabe aos terceiros o exercício de atividades próprias do Poder Público, mas em igualdade de competição com os particulares. Ressalte-se que tanto os direitos individuais devem ser preservados, como também os particulares não podem ser prejudicados, cabendo, em caso de infração, a cassação da franquia, com a retomada da prestação das atividades.

Preço ou taxa. Diante das novas modalidades de prestação de serviços, pode-se indagar em que isso altera os direitos dos usuários. Em nada, pode-se afirmar. Constituindo mera transferência da prestação de serviços, nem por isso deixa de ser ele público. O Poder Público cria a agência reguladora, para que esta fiscalize a boa prestação dos serviços. Se forem eles concedidos, cabe a cobrança de preço. Importante, no entanto, é que a fiscalização seja efetiva, de forma a evitar qualquer prejuízo ao usuário.

Cuidando-se das denominadas organizações sociais, ou seja, pessoas que são qualificadas para a prestação de serviços, a situação do usuário igualmente não muda. Tratando-se, por exemplo, de um hospital que é qualificado pelo Poder Público para prestar determinados serviços, continuam eles sendo públicos e serviços de saúde. Logo, a contraprestação será taxa. Normalmente, quem paga à organização é o Poder Público, que fixa o valor do serviço.

Na hipótese de franquia, igualmente não há alteração da situação do usuário. O franqueado tem sua atividade fiscalizada pelo franqueador. A hipótese tem sido utilizada no caso da prestação dos serviços de correios. Tem aquele as mesmas obrigações do franqueador, em nada mudando a relação com o usuário. Logo, cuidando-se de serviço público, o que se paga é taxa.

6
CLASSIFICAÇÃO DOS INGRESSOS PÚBLICOS

6.1 Movimentos de caixa. 6.2 Receitas originárias. 6.3 Doação. 6.4 Sucessão legítima e testamentária. 6.5 Herança vacante. 6.6 Receitas transferidas.

As classificações, ensina Genaro Carrió, "não são verdadeiras nem falsas, são *úteis* ou *inúteis;* suas vantagens ou desvantagens estão submissas ao interesse que guia a quem as formula, e à sua fecundidade para apresentar um campo de conhecimento de uma maneira mais facilmente compreensível ou mais rica em conseqüências práticas desejáveis" (ob. cit., p. 72). O que importa é a escolha do *critério*, para que se possa chegar a uma classificação *útil*.

Vê-se, pois, que o fundamental, na classificação, é a escolha do critério de discriminação que será utilizado para apartar o objeto de estudo. Não haverá, nunca, a certeza da classificação. Para nós, o que vale é trazermos uma classificação que seja, ao mesmo tempo, útil e jurídica. A discriminação deve levar em conta o rigor jurídico.

Daí por que abandonamos qualquer estudo sobre as classificações de E. R. Seligman (ob. cit., t. 2º), de Gaston Jèze (*Cours Élémentaire de Finances Publiques*, pp. 317 e ss.) e de Einaudi (*Principi di Scienza della Finanza*), uma vez que nada acrescentam de útil na apreciação do fenômeno jurídico financeiro.

O critério da relevância dos interesses ou da vantagem particular dos administrados não é jurídico, podendo interessar, apenas e tão-somente, à Ciência das Finanças.

Em nosso *Manual de Direito Financeiro* referimo-nos às classificações mencionadas, apenas como anotação. Realizamos, de outro lado, classificação em face da proveniência do patrimônio particular ou do patrimônio público. Entendemo-la relevante, diante do enfoque que se pretendeu dar, isto é, de estudarmos a defesa do particular diante da Administração Pública.

O critério da *periodicidade* é bastante elucidativo e guarda consonância com a Constituição da República. Há receitas que ingressam regularmente (ordinariamente) nos cofres públicos e outras que ingressam extraordinariamente (inc. II do art. 154). Logo, é critério que advém de disposição da Lei Maior.

Em relação *à origem*, que é critério jurídico, uma vez que impende analisar o ordenamento normativo, vê-se que as receitas podem ser: *originárias, derivadas* e *transferidas*.

Nem toda receita é ingresso, uma vez que a receita, por definição, "é a entrada definitiva de dinheiro aos cofres públicos" (nosso *Manual...*, p. 28). Já, os ingressos significam toda e qualquer entrada de dinheiro e valores nos cofres públicos. Observamos que a definição originária, constante do *Manual*, não está bem adaptada, uma vez que o ingresso pode constituir-se tanto de dinheiro como de coisas. Assim, melhor será definir a receita como "entrada definitiva de valores ou bens aos cofres públicos".

Assim, temos o quadro da página seguinte sobre Entradas ou ingressos:

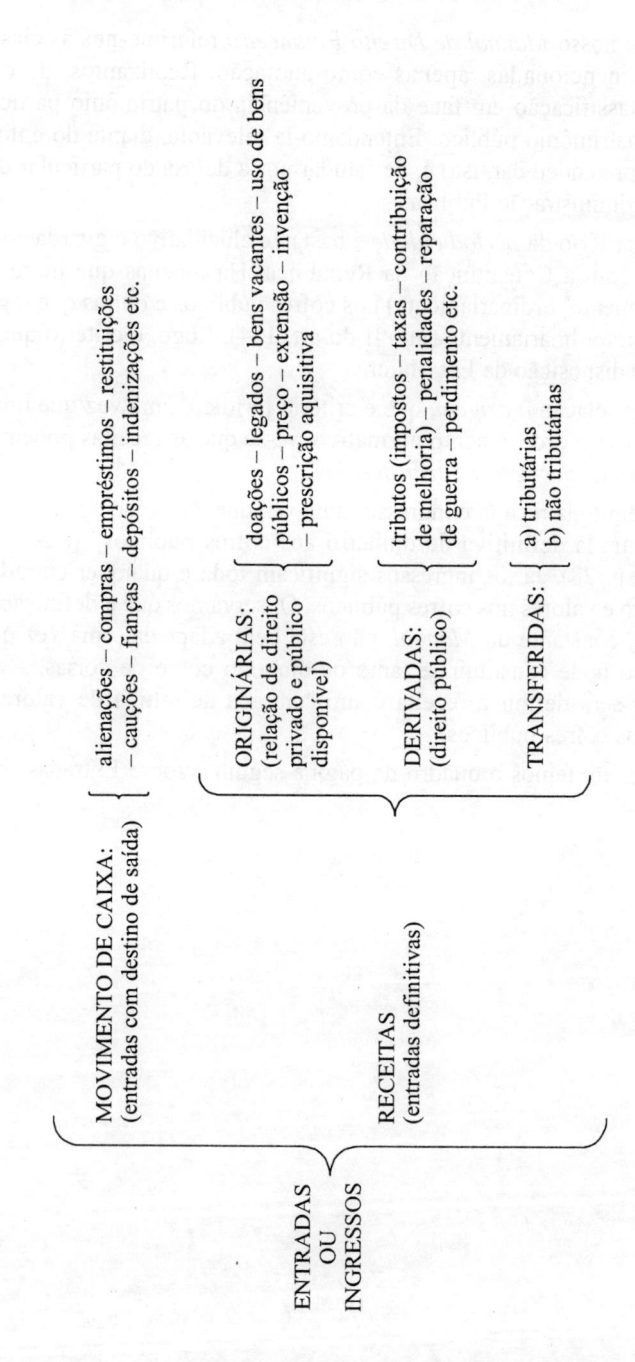

```
                                                                    ⎧ alienações – compras – empréstimos – restituições
                            ⎧ MOVIMENTO DE CAIXA:                   ⎨
                            ⎪ (entradas com destino de saída)        ⎩ – cauções – fianças – depósitos – indenizações etc.
                            ⎪
                            ⎪                                        ⎧                          ⎧ doações – legados – bens vacantes – uso de bens
                            ⎪                                        ⎪ ORIGINÁRIAS:             ⎨ públicos – preço – extensão – invenção
                            ⎪                                        ⎪ (relação de direito      ⎩ – prescrição aquisitiva
ENTRADAS                    ⎨                                        ⎪ privado e público
   OU         ⎨             ⎪                                        ⎪ disponível)
INGRESSOS                   ⎪ RECEITAS                               ⎨
                            ⎪ (entradas definitivas)                 ⎪ DERIVADAS:               ⎧ tributos (impostos – taxas – contribuição
                            ⎪                                        ⎪ (direito público)        ⎨ de melhoria) – penalidades – reparação
                            ⎪                                        ⎪                          ⎩ de guerra – perdimento etc.
                            ⎪                                        ⎪
                            ⎪                                        ⎪ TRANSFERIDAS:            ⎧ a) tributárias
                            ⎩                                        ⎩                          ⎩ b) não tributárias
```

6.1 Movimentos de caixa

Há *entradas* que não constituem *receitas*. Estas, como se viu, são entradas definitivas. Ocorre que há ingressos que se destinam à devolução ou constituem mera movimentação de caixa. Se o Poder Público obtém *empréstimo* por antecipação da receita (§ 8º do art. 165), terá que devolvê-lo à entidade financeira. Logo, há a entrada para posterior retorno. Da mesma forma, se em determinado pleito há exigência de *depósito*, ingressa ele nos cofres públicos. Vencendo o litigante o feito, deverá ele retornar ao patrimônio particular. Vencido na demanda, não pode o Estado apropriar-se do dinheiro, de vez que possui meios próprios para cobrança. Logo, não há ingresso definitivo.

Utilizaremos a palavra "entrada" com o mesmo significado de ingresso.

Como leciona Aliomar Baleeiro, "exemplificam esses "movimentos de fundos" ou simples "entradas de caixa", destituídas de caráter de receitas, as cauções, fianças e depósitos recolhidos ao Tesouro; os empréstimos contraídos pelos Estados, ou as amortizações daqueles que o governo acaso concedeu; enfim, as somas que se escrituram sob reserva de serem restituídas ao depositante ou pagas a terceiro por qualquer razão de direito e as indenizações devidas por danos causados às coisas públicas e liquidados segundo o Direito Civil" (*Uma Introdução à Ciência das Finanças*, p. 116).

Vê-se, pois, que parte do dinheiro público ingressa para depois sair do patrimônio público. Logo, não são receitas, tal como definidas.

A classificação menciona a hipótese de *indenização*. Há casos que não são de exigência de taxa, nem de cobrança de preço. Suponha-se que alguém possua terreno e não o limpe adequadamente, como determina a lei. Ao lado de eventual sanção que pode sofrer, em face de descumprimento de preceito legal, bem como de IPTU acrescido (extrafiscalidade), constrangendo o proprietário ou possuidor a mantê-lo limpo, pode a própria Prefeitura efetuar a limpeza do terreno e cobrar o montante do responsável.

A que título pode fazê-lo?

O Poder Público não goza de força jurídica para constranger materialmente o proprietário ou possuidor a efetuar a limpeza do terreno. Como, todavia, não pode ficar impedido de manter ordem na cidade, por imposições sanitárias ou de segurança, deve ter meios para compelir ao cumprimento do comando normativo.

Não se cuida, no caso que se analisa, de serviço público, ou seja, não se está prestando qualquer comodidade usufruível para o administrado. Nem é exercício do poder de polícia, de vez que não se está condicionando a propriedade do indivíduo. Daí não se poder falar em *taxa*.

Poder-se-ia indagar se não está presente a hipótese de exercício do poder de polícia, uma vez que há a atividade sanitária (limpeza do terreno). No entanto, o exercício do poder de polícia decorre de atividade imposta ao próprio Estado. No caso, a limpeza do terreno é dever do particular. O descumprimento do comando normativo é que enseja a intervenção subsidiária do Estado.

De outro lado, não se pode falar em *preço*. Este advém de formação livre da vontade das partes e subordina-se ao direito privado. Não é a hipótese que se analisa.

Cuida-se, no caso, de obrigação *ex lege*, imposta ao particular, mas "em decorrência de uma atividade que a este competia, ou seja, manter o seu terreno em perfeitas condições de limpeza, de acordo com as exigências de higiene e estética urbanas" (v. nosso "Limpeza de terreno, taxa ou preço?", *RDT* 44/70 e 71).

Tendo a Administração Pública realizado uma atividade supletiva da que incumbia ao particular, sofreu uma *despesa* que deve ser recomposta. Os cofres públicos não podem ficar desfalcados por uma atividade desenvolvida em direção a determinado particular.

Como decorre da força própria da atividade administrativa do Poder Público a possibilidade de interferência na esfera íntima do particular, para impor-lhe um encargo, em respeito ao interesse da coletividade, o Poder Público tem que recompor seu patrimônio, que se viu desfalcado pela prestação de uma atividade ao indivíduo.

Daí resulta que a *contraprestação a tal atividade subsidiária daquela imposta ao particular é mera indenização do encargo suportado pelo Poder Público*. Como indenização, tem seu custo previsto em decreto, sem qualquer problema jurídico de maior realce. É cálculo aferível administrativamente, independente de previsão legal. Observe-se: o comportamento tem que estar previsto em lei, bem como a sanção e conseqüente ressarcimento das despesas. O valor do encargo é aferível mediante mera atividade administrativa. E, por conseqüência, através de mero decreto é possível a fixação do montante de despesa (nosso artigo cit., p. 71).

Acrescentaríamos que qualquer ato administrativo será suficiente para que se exija o montante do particular. Evidente está que deve haver pertinência entre o valor da cobrança e o serviço efetuado.

Cuida-se do que denominamos execução subsidiária por parte do Poder Público, diante do descumprimento da obrigação imposta ao particular. Em face da renitência no cumprimento do comando legal, executa a Administração Pública o contido na norma, ressarcindo-se, posteriormente, das despesas havidas.

Da mesma forma, ingressam na categoria "indenização" as cobranças que se fazem em virtude de alguém colidir e destruir poste público, defensas nas estradas etc.

Trata-se, como se vê, de mero movimento de caixa, inexistindo acréscimo patrimonial do ente estatal. Daí por que não se cuida de preço, nem de taxa, mas de mera indenização (entrada).

Em relação à entrada que se destina a atender a danos praticados por terceiros, e, pois, consistente em mera indenização, podemos mencionar o montante da condenação em ação civil pública (Lei 7.347, de 24.7.1985). Quando da ocorrência de dano ao patrimônio público, especialmente ecológico, pode a ação terminar na imposição de condenação ao causador do dano. O montante que for fixado reverterá a um fundo destinado à reconstituição dos bens lesados (art. 13 da lei mencionada). O parágrafo único do mesmo artigo dispõe que, "enquanto o fundo não for regulamentado, o dinheiro ficará depositado em estabelecimento oficial de crédito, em conta com correção monetária".

Vê-se, pois, que há ingresso, mas tendente a sair, isto é, destina-se à recuperação do bem lesado. Logo, não se pode falar em receita, mas em entrada.

As *cauções* e *fianças* da mesma forma destinam-se a devolução. A garantia que se oferece para proposta em licitação deve ser restituída, uma vez superado o objeto da garantia. A fiança dada para mantença de algum comportamento será restituída tão logo perdido o objeto a que se destinava.

Em suma, os movimentos de caixa constituem-se em entradas provisórias, isto é, ingressam nos cofres públicos por alguma razão jurídica, mas neles não permanecem, devendo o Estado restituir seu montante a quem de direito, ou há mera troca de valores. Não se pode falar que haja lucro. Se o Estado adquiriu um bem, despendeu dinheiro e, portanto, contabilmente, não há aumento nem redução patrimonial. Caso haja *lucro* na alienação, aferido em razão de pesquisa de mercado, tratando-se de "bom" negócio, pode-se dizer que houve *receita*. Em tese, todavia, houve mero movimento de caixa. Logo, não pode dispor das quantias como se suas fossem, uma vez que devem ser restituídas tão logo superado o motivo que as ensejou.

6.2 Receitas originárias

As receitas, entradas definitivas, foram divididas em *originárias*, *derivadas* e *transferidas*. As primeiras decorrem de relação de direito privado ou público disponível, enquanto que as segundas decorrem exclusivamente de direito público. As últimas são meramente transferidas.

A separação público e privado, no Direito, hoje, não tem o alcance de outrora, mesmo porque surgiram as normas de ordem pública inseridas no campo de direito privado, mas obrigatórias a todos, o que passou a tornar mesclados os direitos. Todavia, como critério orientador do gênio romano, ainda auxilia como arquétipos mentais de raciocínio. Ajuda no separar as coisas.

Para o efeito aqui desejado, basta afirmarmos que as receitas originárias advêm de vínculo nos termos que serão definidos. Encontram-se os interessados em nível horizontal de interesses, apenas ocorrendo relação entre eles caso haja bilateralidade de intenções. Não falamos em contrato, porque nem sempre haverá comutatividade de obrigações. Mas em bilateralidade pode-se falar, uma vez que os comportamentos são confluentes para a formação de um vínculo.

Em relação ao critério para distinção das receitas, não podemos ficar apenas na bipartição de direito público e direito privado. Já, Marco Aurelio Greco coloca em xeque a separação (*Dinâmica da Tributação e Procedimento*, pp. 22-29).

Não pretendemos discutir o problema, diante de sua desimportância para o questionamento. Entretanto, não deixamos de admitir que o Estado pode utilizar seu patrimônio imobiliário de forma a arrecadar dinheiro, sem que com isso se dispa de sua personalidade própria (sujeição do direito público).

Daí as bem escritas noções de Ingrosso, ao afirmar que o Estado tem, como proprietário, uma fonte de entrada constituída de rendas produzidas por seus bens "através de procedimentos próprios da economia privada (locação de bens rústicos ou urbanos, enfiteuse, venda de mercadoria etc.)" (*Diritto Finanziario*, p. 92). Acrescenta que as rendas patrimoniais demandam precisões. "Segundo a nossa teoria, do patrimônio do Estado fazem parte também os bens dominiais. Fazem parte, segundo o sistema acolhido do Código Civil, os bens patrimoniais indisponíveis. Aqueles e estes (ex.: os minérios, os canais patrimoniais) dando lugar às entradas que não têm caráter jurídico de renda; e de fato chamam-se *entradas dominiais*. Assim é mais exato completar a definição corrente sobre dados: entradas patrimoniais de *direito privado*" (idem, ibidem).

Para o autor, as entradas originárias sujeitam-se ao direito privado. Ora, para nós não será exatamente isso, mas aproximamo-nos da orientação do autor. Em verdade, não se cuida de entrada de direito privado, uma vez que não aceitamos falar-se de locação de bem público, mas em concessão, permissão, autorização etc., e, pois, todos os vínculos subordinados e regidos pelo direito público. Todavia, embora presentes o interesse público e a sua indisponibilidade, não podemos deixar de aceitar que pode o Estado dispor de seus bens, explorá-los, cedendo-os para uso dos particulares. Não os aliena, observe-se, mas permite seu uso ou concede-o. Para tanto, encontra-se no mesmo nível dos particulares. Que diferença pode haver entre estacionar o veículo em propriedade particular ou na pública? O relacionamento não é o mesmo? Será que a presença do Estado em um dos pólos da relação jurídica altera o vínculo jurídico? Positivamente, não.

Sendo assim, quando as entradas advêm do patrimônio do Estado (independentemente de ser disponível, pois assim não podem ser qualificadas as ruas e praças públicas, onde se permite o uso de bem comum do povo), são elas originárias, constituindo-se em preços. Estes, pois, podem advir de relações obrigacionais de direito privado ou de direito público.

6.3 Doação

A *doação* tem seu figurino normativo disciplinado pelos arts. 538 a 564 do Código Civil (Lei 10.406, de 10.1.2002), cuidando-se de "contrato em que uma pessoa, por liberalidade, transfere do seu patrimônio bens ou vantagens para o de outra". Pode o particular efetuar doação de seus bens ou quaisquer vantagens à Administração Pública, que dirá se os aceita ou não. Uma vez operada a aceitação, expressa ou tácita, passa o bem a integrar o patrimônio público, constituindo receita.

Pode ocorrer doação com *encargo* ou modal, hipótese em que, ao lado da aceitação, deve o donatário satisfazer o encargo. Por exemplo, a doação de determinado numerário para que o Município construa uma escola para deficientes. Haverá doação no interesse geral (art. 553), podendo seu cumprimento ser exigido pelo Ministério Público (parágrafo único).

Haverá revogação da doação nas hipóteses comuns aos demais contratos ou por ingratidão do donatário (arts. 555 e 557 do Código Civil). Imagine-se que o donatário, por lei, já que doado um imóvel ao Poder Público, casse título de cidadania honorária ao doador, sob alegação de cuidar-se de pessoa de caráter duvidoso. Em tal caso, poderá haver a revogação, deixando o bem o patrimônio público.

Em síntese, a doação é receita originária de bens ou valores que ingressam no patrimônio público.

6.4 Sucessão legítima e testamentária

Outra forma de ingresso originário é a sucessão legítima (art. 1.829 do Código Civil) e testamentária (art. 1.857). A Fazenda Pública concorre à sucessão legítima, nos termos do art. 1.844 que assim dispõe: "Não sobrevivendo cônjuge, ou companheiro, nem parente algum sucessível, ou tendo eles renunciado a herança, esta se devolve ao Município ou ao Distrito Federal, se localizada nas respectivas circunscrições, ou à União, quando situada em território federal". Os herdeiros necessários são aqueles mencionados no art. 1.845 do CC. Já, para adquirir por testamento, podem fazê-lo as pessoas jurídicas (art. 1.857), salvo as de direito público externo, que não podem adquirir (§ 2º do art. 11 da Lei de Introdução ao Código Civil – ainda a lei antiga).

Como bem anota Maria Helena Diniz, não se pode confundir herança com legado. A herança, afirma, "compreende a sucessão legal ou testamentária, incidindo na totalidade dos bens do *de cujus* ou numa quota-parte ideal deles, embora, com a partilha, o direito do herdeiro fique circunscrito aos bens que lhe forem atribuídos. Dessa maneira, o herdeiro sucederá o *auctor successionis* em seus direitos, obrigações, e até mesmo em seus débitos, desde que não sejam superiores às forças da herança. Já, o legado é típico da sucessão testamentária, recaindo, necessariamente, sobre uma coisa certa e determinada ou uma cifra em dinheiro, sendo, por isso, uma sucessão *causa mortis* a título singular, assemelhando-se a uma doação, dela diferindo pelo fato de ser ato unilateral e produzir efeitos apenas com o falecimento do *de cujus*" (*Curso de Direito Civil Brasileiro*).

Pode o legado (o que se transmite por testamento) ser simples ou "sob condição para certo fim ou modo ou por certo motivo" (art. 1.897).

Há inúmeros problemas relativos ao legado (caducidade, tipos etc.) que não interessam à matéria enfocada, por cuidar-se apenas da *entrada* de algum bem ou coisa no patrimônio público.

6.5 Herança vacante

Outra forma de receita pública originária é a *herança vacante*. Primeiramente, falecendo alguém e inexistindo herdeiros, nem testamento, a herança é declarada *jacente*, depois de um ano (art. 1.820 do CC). Haverá herança jacente quando não houver herdeiro legítimo ou testamentário (art. 1.819 do CC).

Depois de cinco anos de abertura da sucessão, os bens arrecadados passarão ao domínio do Município ou do Distrito Federal, se localizados nas respectivas circunscrições, ou ao da União, quando situados em território federal (art. 1.822 do CC).

Havia obrigação de os bens ou dinheiro serem destinados ao ensino universitário (Dec.-lei 8.207/1945, art. 3º), nos seguintes termos: "Adquirindo o domínio dos bens arrecadados, a União, o Estado ou Distrito Federal ficam obrigados a aplicá-los em fundações destinadas ao desenvolvimento do ensino universitário, e o Ministério Público respectivo velará por essa aplicação". Posteriormente, foi determinado que os bens passassem aos Municípios ou ao Distrito Federal (Lei 8.049/ 1990), e, agora, o novo Código Civil disciplina, em definitivo, a matéria.

6.6 Receitas transferidas

As receitas, como se vê do quadro, podem ser tributárias ou não, dependendo do regime jurídico a que se submetem as atividades. Há algumas que se podem denominar *transferidas*, isto é, são arrecadadas pela pessoa jurídica competente para a tributação, mas a ela não pertencem, devendo ser transpassadas a outras pessoas jurídicas menores (Estados e Municípios). Podem ser *tributárias ou não*.

Os arts. 157 a 162 da CF cuidam da *repartição das receitas tributárias*, de forma exaustiva. Ao Distrito Federal e aos Estados pertencem o denominado imposto sobre a renda arrecadado na fonte e também 20% dos impostos que forem instituídos, nos ternos do art. 154, 1 (incs. I e II do art. 157).

Aos Municípios cabe o imposto sobre a renda arrecadado na fonte, em relação aos rendimentos por eles pagos, bem como 50% do imposto sobre a propriedade territorial rural, além de 50% do imposto sobre a propriedade de veículos automotores (IPVA) e 25% sobre a arrecadação do ICMS (incs. I a IV do art. 158).

Do cobrado em relação ao imposto sobre a renda, a União deve entregar 21,05% ao Fundo de Participação dos Estados e do Distrito Federal e 22,05% ao Fundo de Participação dos Municípios (letras "a" e "b" do inc. I do art. 159). Às regiões Norte, Nordeste e Centro-Oeste, 3% para aplicação em financiamento ao setor produtivo (letra "c").

Da arrecadação do imposto sobre produtos industrializados (IPI), 10% são entregues aos Estados e ao Distrito Federal, proporcionalmente ao valor das respectivas exportações de produtos industrializados. Os Estados, de seu turno, entregarão aos Municípios 25% dos recursos assim recebidos (inc. II do art. 159, c/c o § 3º do mesmo artigo).

Interessante questão diz respeito ao que estabelece o art. 160, com a redação dada pela Emenda Constitucional 29/2000 que estabelece a vedação da retenção ou qualquer restrição à entrada e ao emprego dos recursos atribuídos aos Estados, Distrito Federal e Municípios. Na seqüência, estabelece o parágrafo único que "a vedação prevista neste artigo não impede a União e os Estados de condicionarem a entrega de recursos: I – ao pagamento de seus créditos, inclusive de suas autarquias; e II – ao cumprimento do disposto no art. 198, § 2º, incisos II e III". O inciso II cuida do repasse de recursos para o denominado Fundo da Saúde, ou seja, recursos destinados a assegurar recursos mínimos para recuperação da saúde no País. O inciso I cuida do pagamento dos créditos da União e Estados.

A regra é a vedação de qualquer recurso. É que são eles titularizados pelos diversos entes federados. Embora a União ou o Estado arrecade o tributo, a eles não pertencem, devendo, parte deles, ser entregue às entidades federadas menores. Logo, a titularidade, o dono do tributo é o Estado ou o Município, dependendo do tipo de imposto. No entanto, a exceção está aberta.

A retenção é incondicionada? É possível reter o imposto para pagamento de seus créditos ou de suas autarquias? Ora, é o que está literalmente escrito no inciso I do parágrafo único do art. 160. Poder-se-ia argumentar que há ruptura do pacto federativo? Pode-se sustentar que o dispositivo não poderia ter sido sequer objeto de deliberação por agredir cláusula pétrea prevista no § 4º do art. 60 da Constituição? Em verdade, não nos parece que assim seja. O que a norma constitucional sinaliza é a sanção para o não cumprimento de obrigação assumida com a garantia de outro ente federado. Fazer com que o garante suporte o encargo e depois se valha de recurso judicial para obtenção do que despendeu é beneficiar o infrator. Aquele que assume obrigação jurídica deve cumpri-la. Caso não o faça, deve sujeitar-se à sanção. Assim funciona o Direito. Se o ente federado obteve empréstimo, por exemplo, junto a banco estrangeiro, obtendo aval do Governo Federal, e não satisfaz a obrigação no termo, não há como deixar de sustentar que pode este constrangê-lo ao pagamento. Por que forma? Pela via judicial somente, ou seria lícito aceitar que dispositivo constitucional permitisse o recebimento, mediante retenção de recursos que devem ser repassados. Ora, nada impede que a Constituição, em seu bojo, estipule a forma de cobrança, dando os meios necessários para receber seu crédito, uma vez que honrou compromisso assumido por ente federal menor.

Os demais dispositivos cuidam de normas complementares (art. 161) e regras a respeito da forma de destinação das verbas e respectiva divulgação de dados. De outro lado, do produto arrecadado em atividades particulares do Poder Público pode haver, também, a transferência de fundos, o que constituiria a *receita não tributária*, que é objeto de nosso estudo.

Dispõe o § 1º do art. 20 da CF que "é assegurada, nos termos da lei, aos Estados, ao Distrito Federal e aos Municípios, bem como a órgãos da Administração direta da União, participação no resultado da exploração de petróleo ou gás natural, de recursos hídricos para fins de geração de energia elétrica e de outros recursos minerais no respectivo território, plataforma continental, mar territorial ou zona econômica exclusiva, ou compensação financeira por essa exploração".

Observe-se, aí, um tipo de receita transferida não tributária. A pesquisa e lavra de recursos minerais dependem de autorização ou concessão da União (§ 1º do art. 176), uma vez que a ela pertencem (art. 176), como propriedade distinta da do solo.

Há duas situações distintas: a) participação ou b) compensação, na forma que dispuser a lei.

Da mesma forma, há o monopólio da pesquisa e da lavra de petróleo e gás natural e outros hidrocarbonetos fluidos (inc. I do art. 177).

Observa-se que não há serviço público, aqui, uma vez que se fala em monopólio. Este ocorre em relação a atividades dos particulares, no campo econômico. Sendo assim, do produto de tal arrecadação há participação dos Estados, Distrito Federal e Municípios, nos exatos termos do § 1º do art. 20.

Vê-se que não se cuida de tributo, mas exploração de atividade econômica.

7
O TRIBUTO NO DIREITO COMPARADO

7.1 Substancial diferença com o sistema brasileiro. 7.2 Evolução das normas no Brasil.

Nenhum ordenamento constitucional do mundo é tão pormenorizado em matéria tributária quanto o brasileiro. O contribuinte é cercado de muitas garantias e há inúmeras restrições ao Estado. Todos os sistemas são *abertos*, ou seja, transferem à legislação a instituição das garantias do contribuinte em face da Administração Pública.

A Constituição de *Portugal*, p. ex., no item 1º do art. 106, dispõe que "o sistema fiscal será estruturado por *lei* (...)", e seu item 2º estabelece que "os *impostos são criados por lei*, que determina a incidência, a taxa, os benefícios fiscais e as garantias dos contribuintes" (Constituição de 25.4.1976).

A da *Espanha* dispõe que "la potestad originaria para establecer los tributos corresponde exclusivamente al Estado, *mediante ley*" (art. 133 da Constituição de 27.12.1978).

A da *Itália* contém dispositivo semelhante, ao dispor que "nenhum tributo pessoal ou patrimonial pode ser imposto a não ser com base na lei" (art. 23 da Constituição de 1948, com as alterações de 1963 e 1967), sendo o sistema tributário informado pela progressividade (art. 53).

A da *Suíça* contém dispositivos específicos dirigidos aos diversos Cantões, disciplinando a tributação de produtos (itens 1 a 9 do art. 32) (Constituição de 29.5.1874, com emendas até 1985).

A Carta Magna inglesa de 1215 prevê que o imposto deva ser moderado (art. 14), enquanto que a declaração de direitos de 13.2.1689 estabelece que "a cobrança de impostos para uso da Coroa, a título de prerrogativa, sem autorização do Parlamento e por um período mais longo ou por modo diferente do que tenha sido autorizado pelo Parlamento é ilegal".

Na *França*, compete apenas ao Parlamento votar leis que estabeleçam regras relativas "à coleta, às taxas e aos modos de cobrança de quaisquer impostos, assim como ao regime de emissão de moeda" (art. 34 da Constituição de 1958).

Na *Alemanha* (antiga Ocidental) havia disposição de que apenas a lei podia ordenar o pagamento de impostos (art. 105.2 do texto de 1949, com as alterações de 1983).

Nos *Estados Unidos* apenas o Congresso pode lançar e arrecadar tributos (seção 8).

Na *América Latina* as disposições são semelhantes. No *Chile*, a Constituição dispõe a previsão de lei e a repartição dos encargos públicos, devendo os tributos ser proporcionais e justos (item 20 do cap. III, que dispõe sobre "los derechos y deberes constitucionales", Constituição de 8.10.1981).

Na *Argentina*, apenas lei pode prever a instituição de tributos (art. 67). O mesmo dispõe a Constituição do *Uruguai*, de 1966 (art. 85), que fixa a competência da Assembléia-Geral.

Vê-se, em conseqüência da exaustiva transcrição ou menção de textos constitucionais de países diversos, que inexiste específica discriminação das restrições constitucionais à atividade tributária do Estado, salvo a necessidade de lei, que é garantia comum.

Reconhecendo a importância do assunto, a Comunidade Européia preocupou-se com as soluções financeiras, diante dos problemas que surgiram em face da união econômica. Em 13.3.1990 firmou-se o Tratado da Comunidade Econômica Européia, que, no art. 201, dispõe sobre o *arancel*, ou seja, as taxas aduaneiras. O orçamento da Comunidade Européia tornou-se importante. Discute-se a quota tributária. Ainda não existe dimensão para que se possa falar em sistematização dos denominados "ingressos comunitários". Entretanto, o assunto passou a ser discutido, merecendo, no âmbito deste trabalho, menção como notícia e como pesquisa (Mariano Abad Fernández, "Tasas y precios públicos en la Comunidad Europea", in *Tasas y Precios Públicos en el Ordenamiento Jurídico Español*, pp. 551-564).

7.1 Substancial diferença com o sistema brasileiro

Nos países mencionados, livre é o Estado para optar pela escolha do tributo, como forma de abastecimento dos cofres públicos, ou optar pela prestação informal de qualquer atividade, com o que se despe das prerrogativas próprias de Poder Público, passando a ter condições de cobrar preços pelas atividades que presta. Há liberdade política de escolha da forma e dos meios de que se vai valer para abastecimento do Erário.

Diversamente ocorre no Brasil, onde há toda uma legislação restritiva ao exercício da competência tributária.

Em outras palavras, nos diversos países, o Estado tem caminhos alternativos de atuar na prestação de serviços públicos, podendo escolher a forma de fazê-lo.

Inúmeros autores não atentaram para a circunstância de que, enquanto nos países mencionados o legislador é livre para estabelecer diversidade de cobrança em relação aos tributos, diante da não-restrição das Constituições e de ter o poder constituinte relegado a disciplina tributária ao Poder Legislativo, no Brasil a situação é diferente.

Percebe-se que não há limites de opção ao legislador nos países mencionados. Pode ele estabelecer que haverá cobrança apenas de impostos. Outros poderão dispor sobre taxas e impostos, dispensando a contribuição de melhoria. Terceiros poderão estabelecer que os serviços serão remunerados por preço ou taxa. É-lhes indiferente, uma vez que o poder constituinte não traçou limites rigorosos ao legislador, exigindo, apenas e tão-somente, que a instituição tributária se faça por lei. Erige-se a lei como ponto central da garantia do cidadão em relação à matéria tributária. É seu limite e sua garantia.

Diversamente ocorre no Brasil. Os contornos tributários estão rigorosamente traçados na Constituição. Há três espécies tributárias e dá-se às contribuições o mesmo regime tributário das espécies mencionadas.

De outro lado, a denominada contribuição de melhoria tem rigor dogmático.

O imposto tem seus limites também fixados.

Por último, as taxas, que apenas são devidas em face das atividades estabelecidas na Constituição Federal.

Sendo assim, o denominado sistema de preços deve ter, entre nós, outra visão que não a importada de países europeus ou americanos.

Há rigor no tratamento do sistema tributário, e não pode o intérprete perder tal situação de vista sob pena de tratar da diferença entre ingressos públicos sob análise de regime jurídico diverso e sob o ângulo de ordenamento jurídico que não é o nosso. Evidentes os erros que serão cometidos e óbvios os equívocos a que ele será levado.

Sob tal precaução é que analisaremos as receitas públicas não tributárias.

7.2 Evolução das normas no Brasil

Normalmente, os juristas escreveram sobre o assunto que se tem sob estudo à luz da Constituição de 1946, que tinha o seguinte dispositivo:

"Art. 30. Compete à União, aos Estados, ao Distrito Federal e aos Municípios cobrar:

"I – contribuição de melhoria, quando se verificar valorização do imóvel, em conseqüência de obras públicas;

"II – taxas;

"III – *quaisquer outras rendas* que possam provir do exercício de suas atribuições e da utilização de seus bens e serviços."

Em gostosa observação, Geraldo Ataliba escreve que o dispositivo significa levar em conta como espécie tributária o branco, o preto e *qualquer outra cor*. Assinala que "o inc. III tornava inócuos, inúteis e insignificantes os incs. I e II. Todo o artigo tem seu sentido reduzido à significação de mera autorização para outras receitas, além dos impostos" (*Hipótese de Incidência Tributária*, p. 163). Acrescenta que, "nesse clima, não tinha importância distinguir taxa de preço. Livre o legislador, a doutrina refletia, sem estranheza, tal liberdade, do mesmo modo que a jurisprudência" (idem, ibidem).

A maioria dos escritos foi produzida sob a égide de tal dispositivo constitucional. Ocorre que em 5.12.1965 sobreveio a EC 18, que, no art. 1º, determinou a incidência de taxas "em função do exercício regular do poder de polícia, ou pela utilização, efetiva ou potencial, de serviços públicos específicos e divisíveis, prestados ao contribuinte ou postos à sua disposição".

A Constituição de 1967 dispôs que:

"Art. 19. Compete à União, aos Estados, ao Distrito Federal e aos Municípios arrecadar:

"I – os impostos previstos nesta Constituição;

"II – taxas pelo exercício regular do poder de polícia ou pela utilização de serviços de sua atribuição, específicos e divisíveis, prestados ao contribuinte ou postos à sua disposição;

"III – contribuição de melhoria dos proprietários de imóveis valorizados pelas obras públicas que os beneficiaram."

A EC 1/69 assim estabeleceu, a propósito dos tributos:

"Art. 18. Além dos impostos previstos nesta Constituição, compete à União, aos Estados, ao Distrito Federal e aos Municípios instituir:

"I – taxas arrecadadas em razão do exercício do poder de polícia ou pela utilização efetiva ou potencial de serviços públicos específicos e divisíveis, prestados ao contribuinte ou postos à sua disposição;

"II – contribuição de melhoria (...)".

A atual Constituição de 1988 assim dispôs:

"Art. 145. A União, os Estados, o Distrito Federal e os Municípios poderão instituir os seguintes tributos:

"I – impostos;

"II – taxas, em razão do exercício do poder de polícia ou pela utilização, efetiva ou potencial, de serviços públicos específicos e divisíveis, prestados ao contribuinte ou postos à sua disposição;

"III – contribuição de melhoria, decorrente de obras públicas."

Observa-se que não mais há a liberdade existente na Constituição de 1946 para dispor sobre a forma e meios de obtenção de "rendas" públicas. Enquanto, sob aquele texto, fácil era ao Poder Público a invasão da intimidade jurídica dos indivíduos, para retirar-lhes dinheiro, já o mesmo não acontece a partir da EC 18/1965, que traçou normas rigorosas para a cobrança de tributos.

O desenvolvimento de raciocínio sob específico regime jurídico sedimenta determinadas convicções, tornando difícil qualquer alteração posterior. A mudança de posições nem sempre é cômoda e a manutenção de orientações dificulta o raciocínio jurídico.

Daí por que, embora se possa aceitar que é mais cômodo ao Estado cobrar livremente por seus serviços denominados industriais ou comerciais, não se logra detectar quem tenha tido sucesso na delimitação dos campos de incidência. De um lado, o serviço público relativo à soberania, como pretendem alguns – e, pois, não passível de concessão – e, de outro, os denominados serviços industriais e comerciais, sujeitos a concessão. Ainda que assim se pudesse argumentar, não se pode conceber que a transmissão da forma de prestação do serviço, ou, por outra, a mera mudança da pessoa jurídica encarregada de sua prestação, possa alterar o vínculo a que estão sujeitos os indivíduos e, mais sério ainda, possa romper com as garantias constitucionais.

Assinalam Hamílton Dias de Sousa e Marco Aurélio Grecco que, à luz da Constituição de 1946, não estavam às taxas "correlacionados nem o serviço público, nem o exercício do poder de polícia, tarefa reservada ao legislador ordinário. Por isso, ao legislador ordinário era deferida larga margem de escolha na disciplina do serviço público e sua remuneração" (*A Natureza Jurídica das Custas Judiciais*, p. 106).

À luz de tal disciplina normativa surgiu a Súmula 545 do STF, que assim dispôs: "Preços de serviços públicos e taxas não se confundem, porque estas, diferentemente daqueles, são compulsórias e têm sua cobrança condicionada à prévia autorização orçamentária em relação à lei que as instituiu". Ora, tal orientação sumulada, hoje, já não tem qualquer repercussão, nem pode continuar orientando os julgamentos. Primeiro porque a Súmula 66 do mesmo STF já firmou que "é legítima a cobrança do tributo que houver sido aumentado após o orçamento, mas antes do início do respectivo exercício financeiro". Em segundo lugar porque a facultatividade e a compulsoriedade não estremam os preços e taxas, mesmo porque cuidam de matéria relativa à Ciência das Finanças, ou seja, firmam soluções desapegadas do que a respeito dispõe o sistema normativo. Buscam soluções na realidade empírica. A invocação de autores é buscada nos que escreveram sobre conhecimentos enciclopédicos da realidade, e não sobre o ordenamento jurídico. O critério distintivo servia à luz de ordenamento jurídico anterior.

Daí afirmarem Hamílton Dias de Sousa e Marco Aurelio Greco que "toda a discussão doutrinária a respeito da distinção entre taxa e preço público não pode mais calcar-se na compulsoriedade ou facultatividade da figura, pela simples razão de que a discussão tinha origem num dispositivo constitucional que não mais existe" (ob. cit., pp. 110-112). E acrescentam que, "se o dado normativo mudou – e substancialmente – a interpretação do Direito Positivo não pode permanecer a mesma" (ob. cit., p. 111).

Em relação ao tema ora desenvolvido, naquilo que mais se relaciona com as receitas não tributárias, temos as taxas que estão disciplinadas nos arts. 77 a 80 do CTN (Lei 5.172, de 25.10.1966), que, embora anterior à Constituição de 1988, foi recebido pela ordem jurídica posterior, diante da inexistência de antinomias. Ressalvam-se, evidentemente, aquelas que, por se contraporem às normas constitucionais, ficaram revogadas. A incompatibilidade vertical leva à supressão das regras. E uma das formas de superação das antinomias, ou seja, a revogação por hierarquia (força intrínseca dentro do ordenamento normativo).

No caso das taxas, as disposições subsistem.

Assim delineia-se a contextura normativa constitucional e legal a respeito das taxas.

8

REGIME JURÍDICO TRIBUTÁRIO
(RECEITAS DERIVADAS)

8.1 Tributo. 8.2 Princípios tributários. Espécies. 8.3 Contribuições. Reparação de guerra e sanções. Perdimento. 8.4 Taxas. 8.4.1 Taxa de iluminação. 8.5 Base de cálculo.

Para plena compreensão do que se vem discutindo, é imprescindível que descrevamos o que se entende por tributos e, por conseqüência, por taxa, bem como efetuemos uma análise sobre sua hipótese de incidência.

8.1 Tributo

De acordo com o art. 3º do CTN, "tributo é toda prestação pecuniária compulsória, em moeda ou cujo valor nela se possa exprimir, que não constitua sanção de ato ilícito, instituída em lei e cobrada mediante atividade administrativa plenamente vinculada".

Geraldo Ataliba subscreve o conceito, afirmando que, no caso, a definição legal coincide com a doutrinária. Decompõe a definição, analisando seus termos (*Hipótese de Incidência Tributária*, p. 35). Trata-se de uma obrigação decorrente de lei. A obrigação distingue-se do poder, uma vez que este não se esgota em uma relação apenas, e aquela, ao ser adimplida, extingue-se. Somente pode existir a obrigação legal pecuniária, uma vez que, assim não fosse, seria ela requisição, a identificar outro instituto. Ao definir que não se constitua sanção de ato ilícito, aparta o tributo das multas e demais penas que podem ser impostas aos administrados. O sujeito ativo é sempre uma pessoa jurídica de direito público e a atividade é plenamente vinculada, isto é, não pode ser fruto de discricionariedade, encontrando-se amarrada ao preceptivo.

Tivemos oportunidade de definir o tributo como "a prestação pecuniária decorrente diretamente da lei, que não constitua sanção de ato ilícito, devida ao Estado ou a quem lhe faça as vezes" (*Taxas de Polícia*, p. 17).

8.2 Princípios tributários. Espécies

A Constituição Federal descreve três tipos de tributos (art. 145), que são os impostos, as taxas e a contribuição de melhoria. Após, serão eles analisados individualmente. Agora, interessa-nos formalizar seu regime jurídico; para que possamos, daí, tirar conclusões.

Importante analisar os *princípios*.

Impõe-se discutir o que é princípio. Em notável estudo sobre os princípios jurídicos e o positivismo jurídico, Genaro R. Carrió, jusfilósofo argentino, esclarece que há nada menos que sete focos de significação do que seja um princípio (*Principios Jurídicos y Positivismo Jurídico*, pp. 34-36). Uma coisa é certa: nunca se deve buscar princípios em pautas que não integram o Direito. Encontram-se eles inseridos no corpo do direito positivo, seja expressa, seja implicitamente. Esclarece Celso Antônio que "princípio é, por definição, mandamento nuclear de um sistema, verdadeiro alicerce dele, disposição fundamental que se irradia sobre diferentes normas, compondo-lhes o espírito e servindo de critério para sua exata compreensão e inteligência exatamente por definir a lógica e a racionalidade do sistema normativo, no que lhe confere a tônica que lhe dá sentido harmônico" (*Curso de Direito Administrativo*, p. 818).

Ensina Agustín Gordillo que "a norma dá o limite da ação de alguém, enquanto que o princípio dá o limite e o conteúdo" (*Introducción al Derecho Administrativo*, pp. 176 e 177).

Como já conceituamos, "princípio é a norma que orienta a elaboração de outras normas, de primeiro grau, extraída, por dedução, do sistema normativo, operando limitação das próprias normas e auto-integração do sistema" (*Licitação*, p. 27, nota de rodapé).

Bem anota Eros Grau a distinção entre princípios jurídicos positivados e princípios gerais do Direito (*Ordem Econômica...*, p. 136).

O que vale a pena notar na lição dos autores é que o princípio é mais que mera regra. Posso destruir a regra, revogá-la, sem atingir o sistema como um todo. Não posso destruir o princípio, porque atinjo a estrutura.

Assim, apenas a título de exemplo, a regra constante do inc. III do art. 145 da CF, que dispõe sobre a contribuição de melhoria. Basta determinar que exige melhoria ou não, que estará alterado o conceito. É mera regra, que não compõe o conteúdo do sistema normativo. É apenas limite à atuação de alguém (do legislador).

É *regra-limite* à atuação do Legislativo, isto é, não pode ele alterá-la por legislação infraconstitucional, mas pode revogar a regra, sem alterar ou agredir a higidez harmônica do sistema.

Para identificação e classificação dos princípios a que os Estados devem obediência, o critério eleito é o da *gravidade da lesão* à ordem normativa constitucional.

O art. 1º da CF combinado com o preceituado no § 4º do art. 60 – que estabelece: "Não será objeto de deliberação a proposta de emenda tendente a abolir: I – a forma federativa de Estado; II – o voto direto, secreto, universal e periódico; III – a separação dos Poderes; e IV – os direitos e garantias individuais" – instituem alguns princípios que são os maiores, por estarem mais protegidos de qualquer alteração. A saber, o princípio federativo, o republicano (periodicidade de escolha dos representantes, pelo voto e com responsabilidade), a tripartição dos Poderes e os direitos arrolados são princípios cardeais do sistema. Ninguém pode alterá-los, ainda que por emenda constitucional, uma vez que não serão eles sequer objeto de deliberação.

Poderemos denominá-los como *princípios fundamentais de todo o sistema constitucional*.

Estes são princípios que não podem ser destruídos por quem quer que seja, porque até ao Congresso é vedado dispor sobre eles. São, todavia, limites às normas que ao Estado incumbe editar. Mas não só isso: além de limites, são reservas de conteúdo, ou seja, não pode haver disposição que agrida o conteúdo de tais princípios, além de que nada se pode editar de conteúdo contrário aos princípios.

Em segundo plano, em espécie de escalonamento, mas da mesma ordem de importância, existem princípios de asseguramento da ordem constitucional. A desobediência poderá significar ou dar margem à eclosão de intervenção federal nos Estados. São os seguintes os princípios de asseguramento da ordem jurídico-constitucional: "a) forma republicana, sistema representativo e regime democrático; b) direitos da pessoa humana; c) autonomia municipal; e d) prestação de contas da administração pública, direta e indireta" (inc. VII do art. 34 da CF).

Existem princípios de *subsistência* dos Estados-membros, que igualmente devem ser atendidos na organização e elaboração de suas Constituições. São os dispostos no art. 34 da CF, ou seja, a intervenção necessária nos Estados e no Distrito Federal, por parte da União, para assegurar a integridade nacional, a repulsa de invasão estrangeira, ou de uma unidade federativa em outra, para pôr termo a grave comprometimento da ordem pública, para garantir o livre exercício de qualquer dos Poderes nas unidades da Federação, para reorganização das finanças da unidade federativa e para prover a execução de lei federal, ordem ou decisão judicial. É o que consta dos incs. I a VI do art. 34.

Há os princípios específicos, que não são estruturais, mas que o sistema constitucional determina sua aplicação obrigatória a Estados, Distrito Federal e Municípios. Dizem respeito a alguma classe ou assunto especial. São de tal espécie aqueles relativos à Administração Pública (art. 37); aos servidores (arts. 37 e 39); os de proporcionalidade eletiva dos representantes populares (art. 45); os relativos à Magistratura (art. 93); os que dizem respeito à tributação (art. 145); os da atividade econômica (art. 170).

Os princípios implícitos decorrem dos demais vistos, e a ninguém caberia sustentar que sem eles poderiam os Estados dispor de forma diversa. São os que guardam compatibilidade com os demais princípios da Constituição (§ 2º do art. 5º).

É fundamental ressaltar que um dos princípios cardeais no novo ordenamento constitucional é o princípio federativo, isto é, a "República Federativa do Brasil" (art. 1º) é formada pela união indissolúvel dos Estados, Municípios e Distrito Federal.

Nos arts. 1º a 4º estão descritos os princípios fundamentais da ordem jurídica brasileira.

Federação significa a repartição de competências políticas em nível constitucional e a representação dos Estados nas decisões do Estado Federal.

Sinteticamente, pode-se dizer, com Norberto Bobbio, que "os princípios gerais não são, a meu ver, senão normas fundamentais ou generalíssimas do sistema, as normas mais gerais. O nome de princípios leva a engano, tanto que é velha questão entre os juristas se os princípios gerais são normas. Para mim não há dúvida: os princípios gerais são normas como todas as outras" (*Teoria dell'Ordinamento Giuridico*, p. 181). A afirmação resulta evidente. Se o jurista ou o juiz deve preencher a lacuna porventura existente no sistema, valer-se-á de princípios e, então, elegerá uma regra, que aplicará ao caso concreto.

Correta a lição de Eros Grau quando afirma que, "quanto aos *princípios gerais de direito*, não expressamente enunciados em textos explícitas, porém descobertos no ordenamento, também configuram norma jurídica, ainda quando enunciados em forma descritiva" (*Ensaio e Discurso...*, p. 145).

Daí a afirmação de que princípio é norma e regula o caso individual levado a colmatação.

Observa-se que a importancia do estudo que ora se realiza é fundamental para a garantia do cidadão. Percebe-se que o Direito não é fim em si mesmo, agindo o Estado como instrumento, e, na precisa afirmação de Alfredo Augusto Becker, "a natureza essencial do Direito é a natureza instrumental" (*Teoria Geral do Direito Tributário*, p. 56).

O conjunto normativo dirige-se a uma sociedade. Como tal, não pode dispor, sistematicamente, contra ela. Ao contrário. Terá que dispor regras de comportamento que possam ser aplicadas e cumpridas pela maioria dos cidadãos. Não tem o condão de ser ela "boa" ou "má". Simplesmente, expende regras de comportamento sancionatórias. O descumprimento pressupõe uma sanção.

Daí ser importante o estudo dos princípios jurídicos, e, no caso específico, os aplicáveis diretamente à tributação, para sabermos, por exemplo, que os indivíduos não estarão sujeitos ao pagamento compulsório de receitas através de preços.

Ensina Gordillo que "o Estado não pode, sob pretexto de legislar, alterar os direitos individuais; logo, também não pode, sob pretexto de não legislar, destruir esses mesmos direitos. Isto não significa que o Estado tenha a obrigação de legislar; o Estado não tem essa obrigação, mas tão-só o direito de legislar, e é, em conseqüência, livre de não legislar, se assim o desejar; contudo, isso não pode privar de império e juridicidade a Constituição, ordenamento jurídico pleno, enquanto estabeleça os direitos individuais. A norma constitucional é imperativa com, contra ou sem a lei. Se a lei é constitucional, a norma constitucional é imperativa e obrigatória; se a lei é inconstitucional, a norma constitucional é imperativa e obrigatória e a lei deixará de ser aplicada nos casos discutidos jurisdicionalmente; se a lei é derrogada, ou nunca existiu, a norma constitucional é imperativa e obrigatória e se aplicará nos casos concretos" (*Princípios Gerais de Direito Público*, pp. 105 e 106).

O primeiro princípio tributário é que o tributo advém somente da *lei*. Embora a afirmativa seja dispensável, é importante para que possamos estremá-lo das obrigações que advêm dos vínculos voluntários. Como, em direito privado, todos podem ter comportamentos que não estiverem proibidos ou forem obrigatórios, daí advindo relações volitivas, que se manifestam, inclusive, na omissão legal, o tributo deve estar expressamente previsto. Daí, é importante que advenha da lei. Consagra-se o princípio da legalidade, tal como contido na Constituição (inc. I do art. 150). Fundamental é o princípio da anterioridade, ou seja, o tributo apenas pode ser exigido no exercício seguinte àquele em que foi instituído ou aumentado (letra "b" do inc. III do art. 150). Também é importante o princípio da capacidade contributiva, previsto no § 1º do art. 145 da CF. Não pode haver limitação ao tráfego de pessoas ou bens (inc. V do art. 150), nem ter o tributo efeito confiscatório (inc. IV do art. 150). Deve haver igualdade tributária (inc. II do art. 150) e idêntico tratamento geográfico (inc. I do art. 151). Por fim, inexiste a retroatividade (letra "a" do inc. III do art. 150).

Poderíamos apontar outros princípios tributários. Estes dão, todavia, a identificação de algumas *garantias*, e, por isso, constituem vedações ao Poder Público. O constituinte cercou o cidadão de diversas garantias. Quis protegê-lo contra a sanha tributária do Estado.

Em conseqüência, é muito importante ter presentes tais princípios, a identificar um regime tributário, porque, se sairmos de tal esfera e deixarmos que o Estado proceda da forma que quiser, teremos frustrado o contribuinte de todas as garantias que possa ter.

Daí defluem as três espécies tributárias, tal como previstas na Constituição. O imposto independe de qualquer atividade do Estado para sua exigência. A taxa é tributo dependente de uma atuação do Estado. A contribuição de melhoria decorre da valorização causada por obras públicas (incs. I, II e III do art. 145 da CF). O empréstimo compulsório ficou definitivamente incorporado ao sistema tributário (art. 148) e, pois, submete-se a seus princípios, eliminando-se a exigência da anterioridade no caso de guerra externa ou sua iminência (incs. I e II do art. 148). O fato de haver a diferença da devolução é irrelevante para descaracterizá-lo como um tributo.

O objetivo do tributo é obtenção de recursos para o cumprimento das finalidades essenciais. Porém, "o que resulta indiscutível é que em nada pode alterar a substância de um tributo o destino que se resolva dar aos fundos assim obtidos" (Hector Villegas, "Verdades e ficções em torno de um tributo denominado taxa", *RDP* 17/327).

Qualquer que seja o tributo, pode o Estado proceder a sua destinação a determinado fundo, órgão ou pessoa, uma vez que poderá distribuir suas rendas de acordo com os objetivos que definir na lei de diretrizes orçamentárias. O que não pode, diante de expressa vedação constitucional, é afetar previamente os recursos públicos (inc. IV do art. 167).

Vê-se, pois, que o destino da arrecadação é irrelevante.

É o que afirmam Gilberto de Ulhôa Canto (*Temas de Direito Tributário*, v. III, p. 54) e Alfredo Augusto Becker (ob. cit., p. 261).

Ensina Geraldo Ataliba que "não tem cabimento – no trato jurídico do tema – incluir na definição do tributo a destinação do seu produto. Esta não é parte da estrutura da obrigação, nem da configuração da hipótese de incidência" (*Hipótese...*, p. 158).

8.3 Contribuições. Reparação de guerra e sanções. Perdimento

Da mesma forma, as denominadas "contribuições" não escapam do rigor do regime tributário. Três são suas espécies: a) sociais; b) de intervenção no domínio econômico e c) de interesse das categorias profissionais ou econômicas (art 149).

As primeiras devem incidir sobre os fatos imponíveis ou geradores previstos nos incisos do art. 195 da CF Em relação ao empregador, empresa ou entidade a ela equiparada, incide sobre: a) "a folha de salários e demais rendimentos do trabalho pagos ou creditados, a qualquer título, à pessoa física que lhes preste serviço, mesmo sem vínculo empregatício; b) a receita ou o faturamento; c) o lucro" (inc. I). Em relação aos trabalhadores e demais segurados da previdência social, não incidindo sobre aposentadoria e pensão concedidas pelo regime geral da previdência social de que trata o art. 201 (inc. II) e sobre a receita de concursos de prognósticos (inc. III). Há sujeição à anterioridade, entrando em vigor a lei no prazo de 90 dias após sua edição (§ 6º do art. 195). A anterioridade, aqui, cinge-se a 90 dias. As entidades políticas podem cobrá-las de seus servidores, para o custeio de sistemas de previdência e assistência social (§ 1º do art. 149, com a redação dada pela Emenda Constitucional 33/2001).

Ensina Paulo de Barros Carvalho que "a conclusão parece-nos irrefutável: as contribuições sociais são tributos que, como tais, podem assumir a feição de impostos ou taxas. Excluímos, de indústria, a possibilidade de aparecerem com os caracteres de contribuição de melhoria, posto que esta espécie foi concebida em termos de estreito relacionamento com a valorização do imóvel, traço que não só prejudica como também até impede seu aproveitamento como forma de exigência e cobrança das contribuições sociais" (ob. cit., p. 16).

Mizabel Derzi robora a opinião, afirmando que o dispositivo constitucional (art. 149) não deixa margem a qualquer dúvida sobre o caráter tributário das contribuições. É que, ao lado de inseri-las no capítulo do Sistema Tributário, determina, de forma expressa, que a elas se apliquem "os mais importantes princípios constitucionais tributários – da legalidade e da irretroatividade – além de todas as normas gerais em matéria de Direito Tributário" ("Contribuições", *RDT* 48/223). Roque Carrazza é categórico ao afirmar que não se constituem as contribuições em tributos; são tributos (ob. cit., pp. 520 e ss.). É o sentir de Luiz Emydio F. das Rosas Jr. (*Manual de Direito Financeiro e Direito Tributário*, p. 281).

A fundamentação dada pelos autores parece bastante clara e ajustada aos ditames da Constituição da República, uma vez que a hipótese de incidência será sempre a de um imposto ou de uma taxa. Não haverá outra possibilidade. Como há identificação da finalidade (Carrazza, *Curso...*, pp. 521 e ss., 525) a União pode, por exemplo, "criar, dentro de seu campo competencial, qualquer imposto ou taxa, explicitando que a *contribuição*, isto é, o tributo, visará *ou* intervir no domínio econômico, *ou* atender ao interesse de uma dada categoria profissional ou econômica (...), *ou*, finalmente, custear a Seguridade Social" (*Curso...*, p. 526).

Como contribuição social, pode-se exemplificar com o art. 239 da CF; a previdenciária prevista no art. 201; no art. 174 da Lei Maior cabe a contribuição de intervenção no domínio econômico.

Vê-se, pois, que o sistema tributário ficou amarrado a uma série de princípios e disposições constitucionais.

Compõem também as receitas derivadas: as reparações de guerra e as penalidades. A origem das primeiras é antiga (Aliomar Baleeiro, ob. cit., p. 146). Como sabemos, na guerra não há "direitos", uma vez que de força bruta se cuida e é ela quem vai impor os encargos ao vencido. Logo, ingressam nos cofres do vencedor bens, dinheiro e coisas, vindo a aumentar sua receita e o patrimônio.

Prevê a Constituição Federal o "perdimento de bens" (inc. XLV do art. 5º), cabendo à lei regulá-lo (letra "b" do inc. XLVI do mesmo art. 5º). Pode ele advir de provocação de dano ao Erário ou em decorrência da prática de fato criminoso, decorrendo, então, da condenação imposta (arts. 32 e ss., e 107, I, do CP), constituindo-se em receita derivada.

As multas aplicadas em decorrência de infração ao cumprimento da legislação tributária ingressam, de forma derivada, nos cofres públicos. Podem decorrer, também, do descumprimento de normas administrativas (trânsito, menores, poluição etc.) ou de normas penais (hipótese de contravenções ou de crimes punidos com pena alternativa de multa, substitutiva da detentiva).

Podem, outrossim, as multas decorrer da própria mora no recolhimento dos tributos.

Em suma, seja pela reparação de guerra, seja pelo recolhimento de sanções pecuniárias, são os cofres públicos abastecidos. Constituem, então, receitas derivadas.

8.4 Taxas

Deixamos a *taxa* para análise posterior, porque é o que vai nos interessar mais de perto.

Advém ela "do exercício do poder de polícia ou pela utilização, efetiva ou potencial, de serviços públicos específicos e divisíveis, prestados ao contribuinte ou postos à sua disposição" (inc. II do art. 145 da CF).

Inicialmente, afirma-se que se cuida de tributo, e, pois, sujeita ao regime jurídico tributário. Vinculada, pois, a uma série de princípios que foram colocados na Constituição como limitadores do comportamento do próprio Estado e como garantidores da individualidade do contribuinte.

Encarta-se a *taxa como espécie de tributo*. Ensina Geraldo Ataliba que "é o tributo vinculado cuja hipótese de incidência consiste numa atuação estatal direta e imediatamente referida ao obrigado" (*Hipótese...*, p. 152). Alfredo Augusto Becker afirma que a regra jurídica tributária que "tiver escolhido para base de cálculo do tributo o serviço estatal ou coisa estatal terá criado uma taxa" (ob. cit., p. 345).

Como tributo, sujeita-se a taxa a um regime próprio, cercado por princípios que dão sustentação às garantias do indivíduo perante o Estado. Assim, somente pode ser exigida taxa que esteja prevista em lei (princípio da legalidade, art. 150, I, da CF) e que tenha sido criada em exercício anterior àquele de sua possível exigência (princípio da anterioridade, art. 150, III, "b"), além de não poder retroagir (inc. III, "a", do art. 150, c/c o art. 5º, XXXVI). Há outros princípios, arrolados por Paulo de Barros Carvalho (ob. cit., pp. 102-104), que não vêm a pêlo examinar.

O que mais convém focalizar, por ora, é o da anterioridade. Significa que o indivíduo tem o direito de saber, do Estado, quanto vai pagar no exercício financeiro seguinte. Não é mero preceito financeiro de receita e despesa; ao contrário, é garantia constitucional. Quando se fala em princípio, não significa que se está pretendendo dar contornos para identificação dos tributos. Ao contrário, como o Direito dirige-se aos homens, constituem eles e todos em coletividade, em sociedade, o eixo central de toda discussão. Assim, ao falar-se em princípios tributários, não se está pensando em caracterização do regime tributário, mas, basicamente, quais as garantias que tem o indivíduo perante o Estado.

Há, como se vê, duas hipóteses de incidência: a) o exercício do poder de polícia e b) a utilização de serviços públicos.

O primeiro vem definido por Ruy Cirne Lima como "toda restrição ou limitação coercitivamente posta pelo Estado à atividade ou propriedade privada, para o efeito de tornar possível, dentro da ordem, o concorrente exercício de todas as atividades e a conservação perfeita de todas as propriedades privadas" (ob. cit., p. 96). Realizamos, sobre o assunto, estudo materializado em *Taxas de Polícia*. Dispensamo-nos, aqui, de maiores comentários, não sem antes afirmar que o poder de polícia destina-se a possibilitar a vida em comum, adequando ou limitando comportamentos.

O que vai interessar-nos especificamente para o estudo em causa diz respeito às denominadas *taxas de serviço*.

Inicialmente, ressalte-se que não é a *prestação do serviço* o fato gerador da exigência da taxa, mas a *utilização do serviço*. A primeira corresponde à hipótese de *imposto* (serviço de educação, segurança etc), enquanto que a segunda à de taxa. É o que vem anotado por Cristina Lino Moreira (*Tributabilidade do Serviço Público*, p. 54).

A utilização efetiva ou potencial de serviço público, tal como já foi conceituado, enseja a cobrança de taxa e, se permitido ou concedido, de preços. Evidente que devem ser eles específicos e divisíveis. Podem ser apenas potenciais, mas, neste caso, a taxa só será exigível se o serviço for de recepção legalmente obrigatória – com apoio na Constituição, explícita ou implicitamente – como é o caso do enterramento de cadáveres, esgoto, abastecimento de água potável e outros que atendam a interesse geral inexorável, definido em lei.

Inversamente, não cabe a exigência de taxa se o serviço – não sendo obrigatório – não for efetivamente prestado, ou se a atividade de polícia não for comprovadamente desempenhada relativamente ao sujeito de quem se quer exigir a taxa. É o que se lê dos incs. I a III do art. 79 do CTN.

Importante efetuar uma distinção. Há serviços que são obrigatórios ao Estado e de recepção obrigatória pelo particular. Outros são obrigatórios ao Estado, mas facultativos ao particular. Ensina José Juan Ferreiro Lapatza que "não se pode dizer, desde logo, que a taxa deve ser eleita sempre que se trata de um serviço público obrigatório, porque então se incorre em uma tautologia. Pois, se o serviço é, de rigor, obrigatório, ou seja, obrigatório para todos sem que ninguém possa subtrair-se dele, e se exige por ele uma quantidade, evidente que dita quantidade se exige porque a lei e só a lei o quis" (ob. cit., p. 39). Basta que seja serviço, para que seja obrigatório.

Notável a lição de Roque Carrazza, ao afirmar que "a prestação do serviço público, por ser determinada pela lei, é sempre obrigatória para o Estado. Ele deve prestá-lo, quando a lei a isto o compele. Já, a utilização do serviço público, pelo administrado, pode, nos termos da lei, ser *compulsória* ou *facultativa*.

"A compulsoriedade da fruição do serviço público nasce da lei. Esta, no entanto, não tem total liberdade para impor, aos administrados, o dever de utilizar todo e qualquer serviço público. Antes, tal obrigatoriedade deve respaldar-se num valor ou interesse público prestigiado pela Constituição.

"Assim, a lei pode e deve obrigar os administrados a fruírem, dentre outros, dos serviços públicos de vacinação, de coleta de esgotos, de coleta domiciliar de lixo, de fornecimento domiciliar de água potável. Por quê? Porque, nestes casos, está em jogo a *saúde pública*, um dos valores que a Constituição brasileira prestigiou.

"Em contrapartida, a lei não pode obrigar os administrados a fruírem dos serviços públicos de telefone, de gás, de conservação de estradas de rodagem etc. É que, embora estes serviços deva ser prestados pelo Estado (daí serem públicos), não realizam valores constitucionalmente consagrados. São serviços públicos fruição facultativa. De fato, ninguém pode ser compelido a ter telefone em sua residência, a servir-se do gás canalizado que o Poder Público coloca à sua disposição, a viajar e assim por diante.

"Muito bem. Apenas, a disponibilidade dos serviços públicos de utilização compulsória autoriza o legislador da pessoa política competente a *exigir tara de serviço fruível*. Exemplificando, a lei pode obrigar o administrado a pagar taxa pelo serviço, posto à sua disposição, de coleta domiciliar de lixo, ainda que ele não o utilize, por se encontrar viajando. A lei, todavia, não pode compelir os administrados que forem proprietários de veículos automotores a pagarem *pedágio* (taxa de serviço), exatamente porque a Constituição não permite obrigá-los à 'utilização de vias conservadas pelo Poder Público'" (*Curso...*, pp. 476-477). É a opinião de José Afonso da Silva (*Curso de Direito Constitucional Positivo*, p. 687).

A denominada taxa de polícia não pode ser exigida se a atividade é prestada de forma potencial. Não basta, como equivocadamente tem afirmado o STF, a existência do aparato burocrático para que possa ser exigida a taxa de polícia. É fundamental a efetiva prestação da atividade (v. nosso *Taxas de Polícia*, pp. 37 e 38).

Já, em relação ao serviço público, basta ser potencial seu uso. Explicita a letra "b" do inc. I do art. 79 do CTN que a potencialidade ocorre quando, sendo os serviços de utilização compulsória, sejam postos à disposição do contribuinte "mediante atividade administrativa em efetivo funcionamento". Como esclarece Ruy Barbosa Nogueira, o serviço deve estar em funcionamento, podendo o contribuinte utilizá-lo ou não. "Exemplo comum desta hipótese é o caso do contribuinte que tem rede de serviço de água à sua porta e não o utiliza porque prefere a água de um poço ou mina e, no entanto, compulsoriamente, deve a taxa porque o serviço está à sua disposição" (*Curso de Direito Tributário*, p. 167).

Os serviços públicos distinguem-se, como já se vê, da atividade econômica, em cujos meandros pode o Estado ingressar (art. 173). Caso preste atividade econômica, não pode haver cobrança de taxa, uma vez que a atividade estatal estará nivelada com os particulares e, pois, a contraprestação de sua atuação será *o preço*.

Ao final de sua obra, Sainz de Bujanda aceita a afirmação de A. D. Giannini, segundo a qual ou se cuida de uma relação contratual, decorrente o pagamento da vontade das partes, ou, então, advém por obra da lei e, pois, independe da vontade do particular para que se coloque em movimento o mecanismo legal (ob. cit., v. 2º, t. 1, p. 161).

É importante salientar o caráter da *divisibilidade* da taxa. Caso o serviço prestado seja destinado a toda a coletividade, deverá ele ser suportado pelos impostos. Por exemplo, inadmite-se taxa de segurança, de prevenção a incêndios etc., porque são serviços genéricos que o Estado tem o dever de prestar. De outro lado, é fundamental a divisibilidade, tal como previsto no inc. II do art. 145 da CF. Analisando o problema, afirma Hector Villegas que "concluímos, então, por afirmar que é absolutamente necessário que atividade estatal a que se vincula o gravame "taxa" deva se suscetível de ser dividida em unidades de uso ou consumo que possam ser atribuídos a pessoas concretas, determinadas" ("Verdades e ficções...", *RDP* 17/329).

Acrescenta Ruy Barbosa Nogueira que "o Estado, na sua missão de atender ao bem comum, já presta serviços gerais à coletividade, cujos gastos são cobertos sobretudo pela receita dos impostos. Serviço específico, necessário para a instituição da taxa, é o suscetível de *utilização individual pelo contribuinte* e divisível é o *destacável em unidade autônoma*" (ob. cit., p. 166).

A divisibilidade pode estar relacionada, inclusive, pelo montante de comodidade que fornece ao usuário. A primeira classe em um avião ou trem, por exemplo, tem taxas diferenciadas. Diga-se o mesmo em relação ao transporte rodoviário, entre ônibus-leito e comum (Giuseppe Ugo Papi, "Prezzi...", in *Novissimo Digesto Italiano*, v. XIII, p. 828).

Diante da falta de tratamento adequado dos juristas em relação à terminologia tributária, e pela confusão feita pelo legislador, é comum que impostos sejam rotulados de taxa e vice-versa, e que esta encubra exigência de imposto. Fazem incidir imposto ou taxa sobre o mesmo fato gerador – e, quando isso é possível, entende-se existir adicional de imposto; quando não, há inconstitucionalidade.

Inúmeras taxas já foram declaradas inconstitucionais por não terem correta a descrição do fato gerador (taxa de estatística: *RDA* 53/92; *RTJ* 43/793; taxa de expediente sobre cinemas: *RDA* 75/97; taxa de construção: *RTJ* 49/10; taxa de locação de filmes cinematográficos: *RDA* 71/125; taxa pró-economia, educação e saúde: *RDA* 68/108; taxa de urbanização: *RDA* 47/482; taxa contra fogo: *RDA* 71/104; taxa de conservação de estradas de rodagem: *RTJ* 51/447; taxa de segurança especial e policiamento ostensivo: *RTJ* 60/282). Outras foram declaradas inconstitucionais por faltar-lhes caráter de divisibilidade (*RTJ* 60/282 e 86/857).

São estas algumas das taxas que foram declaradas inconstitucionais pelo STF, em virtude das mais variadas agressões ao ordenamento jurídico, seja pela inviabilidade da previsão, seja porque tinham como fato gerador o mesmo de um tributo, seja porque não se constituíam em serviços divisíveis.

Importante ressaltar que as taxas podem ser reajustadas durante o mesmo exercício financeiro, até o valor da atualização monetária, de acordo com os índices fixados pelo governo. Neste sentido dispõe o § 2º do art. 97 do CTN, estabelecendo que: "Não constitui majoração de tributo, para os fins do disposto no inc. II deste artigo, a atualização do valor monetário da respectiva base de cálculo".

O que extravasar de tal limite é que será ilegal, agredindo, inclusive, dispositivo constitucional (inc. I do art. 150 da CF).

8.4.1 Taxa de iluminação

Daí não poder ser cobrada a denominada taxa sobre o fornecimento dos serviços de iluminação pública.

Insista-se que a obra necessária para a prestação do serviço nada tem a ver com este (Bernardo Ribeiro de Moraes, *Doutrina e Prática das Taxas*, p. 152). Afirma Ruy Barbosa Nogueira que: "Dentro da lei e da lógica ou harmonia do Sistema Tributário Nacional, entendemos cabível a contribuição de melhoria para indenizar os custos da obra pública de iluminação e dos estamentos desta, entendemos que não é constitucional, legal ou juridicamente possível a cobrança de taxa dos Municípios para custear a manutenção do serviço comum da iluminação pública. O custo dessa manutenção é despesa geral, a ser custeada com a arrecadação dos impostos" ("Contribuição de melhoria e taxa de iluminação pública", *Revista da Faculdade de Direito da USP* LXXVI, p. 278). Já se entendeu contrariamente, afirmando-se de sua possibilidade, e desde que possibilite a quantificação econômica e se distribua proporcionalmente o benefício (*RDP* 18/298).

Hely Lopes Meirelles sustenta não se poder cobrar a taxa, porque é ela *uti universi*, e não *uti siuguli* (*Direito Administrativo Brasileiro*, p. 322). Joaquim de Castro Aguiar tem a mesma orientação (*Regime Jurídico das Taxas Municipais*, pp. 100 e 101).

Em artigo que escrevemos sobre o assunto, entendemos da impossibilidade da cobrança da denominada taxa de iluminação, diante do fato de não ser serviço divisível e específico, tal como exige o inc. II do art. 145 da CF. Daí ser inadmissível sua exigência. O comentário mencionado foi publicado na *RDP* 79/195-197.

A Emenda Constitucional 39, de 19.12.2002, a fim de contornar as dificuldades de estipulação legal da base de cálculo, terminou por autorizar a instituição de uma *contribuição* para o custeio do serviço de iluminação pública. Como se vê, mais um desmando tributário, mais uma exigência infeliz, mais um assalto aos bolsos dos contribuintes. Evidente que os Municípios e o Distrito Federal já estão a exercitar o poder tributário, instituindo a contribuição através de lei respectiva.

8.5 Base de cálculo

Ressalte-se que a taxa não pode ter "base de cálculo própria de impostos" (§ 2º do art. 145). A base de cálculo é o quantificador de fato sobre quê vai incidir a alíquota para dar o montante do tributo a pagar. Significa a dimensão econômica do fato gerador.

O STF já teve oportunidade de declarar inconstitucionais inúmeras taxas, dos mais diversos locais, exatamente por tê-las o Poder Legislativo instituído sobre fato imponível de outra espécie tributária (*RTJ* 51/445, 63/705, 66/752, 67/629, 73/187, 196 e 922 e 78/804 e 885).

Não pode o intérprete confundir base de cálculo com alíquota. Na taxa, base é o custo do serviço ou da atividade de polícia. Alíquota é o fator de divisão desse custo entre os usuários.

9
TEORIA DOS PREÇOS

9.1 Limites de seu valor.

Desde logo afastamos qualquer qualificação dos preços. Não há, em Direito, preços privados, quase-privados ou públicos, como pretenderam diversos autores.

As classificações teorizadas por Einaudi, Seligman e Jèze tiveram por base noções meramente financeiras, ou seja, da realidade de outro ramo de conhecimento, independentemente do que, a respeito dos preços, dispunha o ordenamento normativo. Eram visões de Ciência das Finanças, e, pois, desajustadas dos conhecimentos jurídicos.

Ademais disso, levavam em conta a maior ou menor intensidade do interesse público. A maior relevância para o Estado e menor para os particulares. Os critérios classificatórios são fluidos e não oferecem ao jurista qualquer interesse. Para este, interessam apenas as significações jurídicas, representadas em seus efeitos ou da forma como o ordenamento jurídico as recepcionou em suas normas. Fora daí, não há critério juridicamente útil.

Como ensina Geraldo Ataliba, "sob a perspectiva da Ciência das Finanças – isto é, no plano pré-jurídico – as taxas se podem confundir com as tarifas (preços). O princípio financeiro que as informa é o mesmo: remuneração de despesa estatal, ressarcimento etc." (*Hipótese...*, p. 165).

Como ensina Antonio Amorth, "o preço é noção atinente à Ciência Econômica e de natureza complexa, ligada pela sua formação a múltiplos elementos (andamento do mercado, relação entre demanda e oferta, valores intrínsecos de um bem etc.), mas que pode ser genericamente definido como o correspectivo, normalmente erigido em dinheiro, para a aquisição de um bem ou para o gozo de um serviço ou de uma prestação" ("Prezzi (disciplina dei)", in *Enciclopedia del Diritto*, v. XXXV, p. 431).

Como se percebe, o *preço* tem conteúdo basicamente privatístico. Cuida-se de noção fundada em relações que se formam através da vontade dos que afluem para a formação de determinado vínculo. Podem ser bi ou multilaterais, fundadas em situações obrigacionais. Assentam-se, basicamente, na *vontade* das pessoas e na autonomia para a formação dos vínculos. Como bem assinala Plínio Gustavo Prado Garcia, "a liberdade de contratar pressupõe, *ipso facto*, a liberdade de não contratar. Qualquer interpretação em sentido contrário resultaria em tornar essa liberdade em liberdade apenas relativa, o que, em última instância, significaria a anulação dessa própria liberdade" (*Taxa ou Preço Público (A Defesa do Consumidor)*, pp. 32 e 33).

Inúmeros autores transcrevem as classificações de Einaudi, Seligman e Jèze. Dispensamo-nos de fazê-lo, não sem anotar que tiveram seu papel histórico, mas foram fundadas em conceitos da Ciência das Finanças e pouco podem contribuir para o aprimoramento do tema.

O critério de Einaudi foi o das necessidades públicas. Afirmou a existência do preço quase-privado "quando, p. ex., os homens provêm, através do Estado, a satisfação de suas necessidades por meio da lenha" (ob. cit., p. 7). Afirma que "se tem o preço público quando os homens provêm, por meio de uma ferrovia do Estado, a satisfação de suas necessidades individualizáveis e divisíveis de viagem ou quando expedem mercadorias" (idem, ibidem). É interesse privado, mas que é satisfeito através de empresa do Estado. O preço político quando, ao lado da satisfação do interesse privado, há interesses comuns a todos. Há contribuição quando, ao lado de satisfazer interesse comum, satisfaz, em segundo lugar, interesses particulares, individualizáveis e divisíveis. Dá como exemplo a construção de uma estrada. Por fim, fala em imposto quando satisfaz interesses comuns a todos e indivisíveis, dando como exemplo a defesa nacional (tal classificação encontra-se no livro mencionado, pp. 7 e 8).

O mesmo autor anota a imprecisão terminológica, que não deve confundir as pessoas. Esclarece que, nos países de língua inglesa, a palavra *taxa* é usada como sinônimo de *tributo*. No Direito italiano a mesma palavra *taxa* é usada para identificar diversos institutos, como o próprio imposto, o preço público, o preço político e a contribuição (p. 9).

A propósito, observa Genaro Carrió que "os problemas deste tipo são analisados e estudados sob o rótulo de 'ambigüidade' das linguagens naturais" (*Notas*..., p. 28), e acrescenta que "as dificuldades práticas podem superar-se se tomamos a precaução de precisar, em todos os casos de possível dúvida, o sentido com que temos empregado tal ou qual palavra ou expressão" (idem, ibidem).

É ilusão que cada palavra tenha um significado, apenas. No mais das vezes, como são palavras do mundo das realidades, pode ocorrer – e é freqüente que ocorra – uma só palavra servir de rótulo para diversos conteúdos. São rótulos que apomos às garrafas, que não mudam, todavia, o vinho. O fato de utilizarmos uma palavra não garante que estejamos referindo-nos à mesma coisa. Daí, é fundamental que, antes do discurso normativo, esclareçamos ao interlocutor sobre o que se vai falar e em que sentido estaremos utilizando determinada palavra.

Não nos podemos perder pelos rótulos, nem é conveniente qualquer discussão jurídica sobre eles.

Assim, quando utilizamos a palavra *preço*, significamos a entrada que advém de um relacionamento privado, embora possa estar do outro lado do vínculo jurídico o Estado ou direito disponível pertencente ao Poder Público. O que vai ensejar a cobrança advém de um relacionamento fundado em permissão ou concessão de serviço, calcado no direito privado ou quando o Poder Público utiliza seus próprios bens para auferir renda. Como assinala Aliomar Baleeiro, "o Estado, quando cobra preços pela venda de coisas, entrega unidades de seu patrimônio, como terras dominiais, edifícios, navios ou veículos imprestáveis ao serviço público etc., ou os frutos e produtos desse patrimônio, como reprodutores bovinos, eqüinos de suas fazendas-modelo ou estações experimentais, plantas enxertadas, obras de ferro semi-acabado (Volta Redonda), livros e jornais, adubos, lenha de suas florestas etc." (ob. cit., p. 122).

Agindo assim, o Estado simplesmente aufere preços, sem qualquer *qualificação*. Esta, aderida ao preço, não tem sentido jurídico. Limita-se ao campo econômico. Assim, por exemplo, o *preço* político significa apenas que o Estado, por qualquer conveniência, não pretende sua elevação, porque quer atender a maior número de usuários de determinada atividade. Pode existir a *taxa* ou *preço político*, o que ocorre quando o Estado, não pretendendo aumentar seu valor ao nível real, subsidia a empresa, para que o montante da passagem não onere excessivamente o trabalhador. Assim ocorre com as passagens de transporte coletivo, com os selos dos correios etc. O preço quase-privado é preço, apenas. O preço público inexiste, cedendo lugar, apenas, ao *preço*. Poder-se-á falar em preço público, querendo, quando se cuida de relação Estado/particular, nos casos de concessão ou permissão de serviço público. No entanto, ressalte-se, a distinção é financeira e não jurídica.

Insista-se em que as classificações dos autores sobre os preços financeiros baseiam-se em situações típicas de outros países, que nada têm a ver com a moldura jurídica dada aos tributos no Brasil. Os escritores analisaram outros regimes jurídicos e, com base neles, criaram a teoria dos preços. Todavia, não serve ela para o Brasil, cuja disciplina constitucional é completamente diferente da de outros países.

Seligman, da mesma forma, levou em conta a "vantagem do particular" e a "vantagem pública" em relação aos ingressos, para classificar as receitas. Daí falar em preços quase-privados, que levam em conta a vantagem particular com exclusividade e a pública de forma apenas acidental. Os preços públicos têm diminuída a vantagem particular, – preponderando o interesse público. As taxas têm a vantagem particular vinculada a interesse público maior. As contribuições diminuem a vantagem particular, sendo superior a pública. E, por fim, os impostos, em que há consideração exclusiva do Poder Público, sendo a do particular apenas incidental.

Vê-se, da mesma forma, que a classificação atende a critério não jurídico. A preponderância não está na Constituição. Ademais, constitui-se em conceito fluido, ficando a critério de cada estudioso saber o que deve preponderar e, com base em seus preconceitos, orientar, arbitrariamente, a classificação. Veja-se que não se fala em conceitos jurídicos, mas em preconceitos, o que anula a boa visão das coisas jurídicas.

A classificação de Jèze não fica atrás. Tem em conta o mesmo critério, e o próprio autor reconhece que não tem sua classificação rigor jurídico (*Cours Élémentaire de Science des Finances...*, ed. de 1909, p. 532).

As classificações, como já se observou, não são certas ou erradas. São úteis ou inúteis, na medida em que podem servir como esquema mental de raciocínio, na forma de apresentação das coisas.

O que nos interessa, para este trabalho, diz respeito à afirmação de que, cuidando-se de preços, não estão eles adstritos à rigidez dos princípios da legalidade e da anterioridade. Em conseqüência, como afirma Aliomar Baleeiro, "podem ser criados ou majorados em qualquer época do ano" (ob. cit., p. 127).

O grande problema é este: se se chega à conclusão de que o que se cobra por determinados serviços públicos é *preço*, onde está a garantia do administrado? Como pode ele resistir à tentação do Poder Público de sufocá-lo mediante desmedida elevação de seus valores?

Escreveu Jèze ser "necessário não esquecer que, freqüentemente, conscientemente ou inconscientemente, as soluções preconizadas ou adotadas em matéria de imposto são inspiradas por interesses de classes. E, então, sob o nome pomposo de princípios de justiça em matéria de impostos, são formuladas as regras as mais diversas, o que leva os autores a afirmarem todo seu cuidado de interesse geral e da justiça, mas tendem freqüentemente a cuidar mais ou menos de uma classe, a proteger, a garantir mais ou menos uma categoria de indivíduos. Examinando o sistema de impostos em vigor em um país e em dada época, pode-se dizer, seguramente, qual é a classe que possui o poder político" (*Cours Élémentaire de Science des Finances...*, 5ª ed., "Prefácio" da 4ª ed., p. IV).

Sem embargo de o poder tributário refletir determinada ideologia dominante em determinado país, não se pode esquecer a famosa e célebre frase de Marshall de que "the power to tax involves the power to destroy". A jurisprudência norte-americana foi suavizada depois, possibilitando ao fisco o abastecimento dos cofres públicos com elevação das alíquotas. Todavia, não se pode, a pretexto de arrecadação, lesar o contribuinte. Não pode, da mesma forma, o Estado deixar de lado os princípios tributários, a pretexto da necessidade de dinheiro. A Constituição da República fixa balizas. Dentro delas, pode o poder tributário ser exercido. Nada mais. Inclusive, a transferência de determinada atividade para o regime privado não tem o condão de retirar o direito do indivíduo de ver-se constrangido financeiramente através dos veículos constitucionalmente previstos, ou seja, através de tributos. O que pode ocorrer, o que ainda deve ser discutido, é a obrigação de o Estado suportar quaisquer necessários acréscimos decorrentes de problemas sócio-político-econômicos. Deve ele, diante de situação que obriga a elevação do preço do serviço público concedido, suportar o acréscimo? Não nos parece ser esta a solução, uma vez que, de qualquer forma, será a população que suportará o acréscimo. A garantia do cidadão está em ver-se tributado de acordo com o modelo constitucionalmente previsto. Não se pode dele fugir.

Da mesma forma, não se pode cobrar preço no lugar da taxa. Aquele tem seus limites no interior do mercado. Esta tem seus limites na Constituição Federal.

Como diz Ramon Valdés Costa, "os preços são contraprestações relacionadas com prestações de caráter econômico, realizadas pelo Estado; isto é, prestações que proporcionam ao co-contratante – de acordo com o Código – uma "vantagem ou proveito" e – de acordo com a terminologia econômica – uma utilidade que leva o usuário a demandar voluntariamente o bem ou o serviço e a prestar seu consentimento para pagar um preço" (*Curso de Derecho Tributario*, v. 1, pp. 158 e 159, Montevidéu, 1970).

9.1 Limites de seu valor

Aceitando-se o preço como termo referencial nas relações de mercado, cabe indagar se há limites para sua instituição e sua exigência. Negativamente respondem Alcides Jorge Costa ("Taxa e preço público", *Caderno de Pesquisas Tributárias* 10/6); Américo Lourenço Masset Lacombe (idem, p. 22); Aurélio Pitanga Seixas Filho (idem, p. 36), lembrando que o limite é o da livre concorrência; Carlos da Rocha Guimarães (idem, p. 46); Edvaldo Brito (idem, p. 82), anotando que há apenas a necessidade de compatibilização com a justa remuneração das concessões e o melhoramento e expansão dos serviços; Gilberto de Ulhôa Canto (idem, p. 108); Hugo de Brito Machado (idem, p. 150), afirmando que os limites se encontram nos lindes do serviço prestado; Ives Gandra da Silva Martins (idem, p. 184), esclarecendo que os limites à cobrança do preço estão nas exigências do asseguramento da justa remuneração do capital, em relação à concessão de serviço público; José Eduardo Soares de Melo (idem, p. 214), esclarecendo que o limite deve ser o do "dispêndio da atividade"; Toshio Mukai (idem, p. 250), também levando em conta o caráter contratual da concessão; Wagner Balera (idem, p. 293); Ylves José de Miranda Guimarães (idem, p. 319), entendendo que o limite da exigência se encontra na "capacidade econômica do usuário"; Zelmo Denari (idem, p. 348), afirmando que há limites de política fiscal.

Observa-se, pela exaustiva menção a autores, que não apontam eles limites jurídicos à sua instituição ou ao dimensionamento de seu montante. Aqueles que tentaram cerceá-lo indicam a hipótese da concessão de serviço público como ponto de chegada da exigência.

Como asseveramos, a taxa subordina-se aos limites do Direito Tributário e a seus princípios. Depende de lei e sujeita-se ao princípio da anterioridade. De seu turno, o preço, tal como foi por nós conceituado, é aferível, no mais das vezes, de acordo com as regras do mercado, flutuando ao sabor das conveniências, das regras de oferta e procura, dos interesses em jogo, dos esquemas sócio-político-econômicos vigentes na sociedade. O montante do preço surgirá de acordo com as necessidades de cada qual. É o que afirma Miguel Carrobe Gene, à luz do Direito espanhol, em relação ao uso do bem público ("La base imponible en las tasas y precios públicos", in *Tasas y Precios en el Ordenamiento Jurídico Español*, p. 296).

Modernamente, os preços já não mais estão "livremente fixados pelo mercado", o que vem confirmar a falácia da afirmativa, como esclarece Sacha Calmon Navarro Coelho ("Taxa e preço público", *Caderno...* 10/223). Há a intervenção do Estado no âmbito da economia, fixando preços, desmesurada e descabidamente, mas, entretanto, continua fixando-os. Demais, nos modernos contratos de serviços, já não mais há a discussão do preço; há mera adesão pacífica a eles.

Nada obstante, os preços têm que ter limites. Normalmente, fluem de acordo com o mercado. Por exemplo, na cobrança pelo estacionamento na via pública, se o Poder Público aumenta o valor exageradamente, o cidadão opta pelo estacionamento particular. Pode ocorrer, todavia, que não haja outra alternativa, ou seja ela precária, como a passagem por única estrada pública. Se houve concessão, o limite será a justa remuneração do capital empatado mais o asseguramento do lucro, pelo prazo fixado no contrato. Logo, há restrições palpáveis. Cuidando, de outro lado, de estrada pública, explorada pelo próprio Poder Público, o montante será o necessário para a conservação da estrada ou via pública como, também, a vantagem auferida pelo particular (encurtamento de distâncias etc.).

Enfim, não fica o particular ao desamparo. Todo exercício de atividade pública ou destinada ao público tem limites. Não pode o particular ficar inerte e à mercê, seja do particular, seja do Poder Público. Sempre há regras que disciplinam os comportamentos, tornando-os rígidos na fixação dos lindes de agressão à individualidade do cidadão.

Estes são os limites do Estado na fixação do preço, podendo ser objeto de exame pelo Poder Judiciário.

10
RELAÇÃO ENTRE TAXA E PREÇO

10.1 Babel de enfoques.

Todos os autores apontam as dificuldades em encontrar critérios distintivos e anotam que se "trata de um setor particularmente delicado, já que freqüentemente a linha de separação entre ela e as relações contratuais é muito sutil, não sendo fácil dizer se se encontra frente a um ou a outro dos dois institutos: uma relação de taxa ou de um contrato" (Antonio Berliri, *Principi di Diritto Tributario*, v. 1, p. 295, n. 67). Do mesmo sentir é A. D. Giannini (*Istituzioni di Diritto Tributario*, p. 35, n. 18), ao afirmar que, embora os conceitos de direito público e privado sejam claros e precisos, "a discriminação, em contrato, de uma ou outra espécie de entrada oferece, como veremos em pouco, as maiores dificuldades" (p. 35). O mesmo diz Hector B. Villegas ("Verdades e ficções...", *RDP* 17/322). Giuliani Fonrouge retrata sua perplexidade em relação ao tema, afirmando que, ao lado do que ensina Giannini, deve-se efetuar análise "del desarrollo histórico de la institución" (*Derecho Financiero*, v. II, p. 991).

Em interessante decisão da Corte Constitucional italiana, a dicotomia taxa-direito público/preço-direito privado sofreu forte questionamento. A decisão é de 1969, sobre matéria de tarifa telefônica, tendo havido substancial modificação da orientação até então dada: "A dicotomia ingresso de direito público/ingresso de direito privado perdeu eficácia delimitadora em uma sociedade onde interesse comum e interesse particular se imbricam em uma *confusa impenetrabilidade*; em um ordenamento onde, como corolário, normas públicas e privadas, ambas aplicadas em âmbitos tradicionalmente vetados, insistem em prevalecer. A dualidade tributo/prestação contratual, fundamentada no critério da coação, perdeu substantividade" (Angel Aguallo Aviles, "Un criterio jurídico para delimitar tasas y precios", in *Tasas y Precios en el Ordenamiento Jurídico Español*, p. 155). Acrescenta o autor que se observa, em certas ocasiões, "sujeitos supostamente privados exercitarem efetivos poderes de supremacia sobre outros, que não se plasmam como tais no Direito" (idem, ibidem).

Não mais se pode lidar com o problema em sua pureza conceitual inicial, nem com os conceitos advindos da Ciência das Finanças. A matéria deve ser resolvida à luz de modernas dificuldades, em que os escaninhos mentais anteriores não mais resolvem problemas ocorridos hoje, em sociedade diferente e de necessidades cada vez mais complexas.

No Direito brasileiro, os autores afirmam que é tarefa das mais difíceis apartar taxa de preço. A jurisprudência é bastante indefinida e, embora afirme, por vezes, cuidar-se de preço, diante de relação jurídica privada, ao mencionar serviços fundamentais, como o de transporte, água e esgotos etc., afirma cuidar-se de serviços industriais ou comerciais e aceita a cobrança de preços.

Daí a tentativa que se faz no sentido de deixar clara a distinção entre ambos.

A grande discussão sobre os fundamentos das taxas e preços foi resumida por Sacha Calmon da seguinte forma: "a) O preço decorreria do livre encontro das vontades (contrato). A taxa – espécie tributária – proviria da 'vontade da lei' (tributo). O primeiro é autonômico, a segunda heterônoma. b) No preço predominaria a 'facultatividade', na taxa – tributo – a 'compulsoriedade'. c) No preço, de origem sempre contratual, haveria a possibilidade do 'desfazimento do pactuado' e, ainda, antes disso; a recusa da cobrança, só possível após a acordância do usuário. Na taxa, ao revés, predominaria a vontade da lei e a obrigação, às vezes existindo apenas a simples disponibilidade do serviço, só seria elidível pela revogação da norma legal, irrelevante o querer do obrigado. d) O preço seria *ex contractu*, por suposto, e a taxa – tributo – *ex lege*. e) Em conseqüência, o preço reger-se-ia pelos preceitos do direito privado, com influxos, aqui, e acolá, do Direito Administrativo (preços públicos), e a taxa reger-se-á pelas regras do direito público e, portanto, estaria sujeita aos princípios constitucionais da legalidade, anterioridade e anualidade. f) Os preços seriam do *jus gestionis* e as taxas, do *jus imperii*. g) Os preços, por isso que contratuais, sinalagmáticos, não comportariam 'extrafiscalidade', esta típica da ação governamental via tributos (inclusive taxas), tese, de resto, polêmica no respeitante às taxas, nos contrafortes do próprio Direito Tributário, em razão da natureza 'contraprestacional' desta. h) Os preços seriam adequados para remunerar atividades estatais delegáveis, impróprias, ao passo que as taxas seriam utilizáveis para remunerar serviços estatais 'próprios', indelegáveis, tipo 'polícia', 'justiça', 'fisco' etc.). Os preços estariam livres do controle congressual, possuindo maior elasticidade. As taxas, ao contrário, porque seriam tributos, estariam sujeitas ao controle do Legislativo, daí a maior rigidez do seu regime" (*Caderno...* 10/55 e 56).

Aí estão os fundamentos tradicionais do embate sobre o assunto *taxa* e *preço*.

Observemos o que dizem alguns autores a respeito.

Berliri afirma que é possível a formação de vínculo obrigacional com o Estado e seus cidadãos, independentemente de cuidar-se de uma relação subordinada ao direito privado. Da mesma forma o fato de cuidar-se o serviço público de coisa fora do comércio, ainda que aja o Poder Público em sua personalidade particular. Dá o exemplo de um menor ou interdito que coloca o selo na carta e a coloca no correio. Seria nulo o contrato? Evidentemente não, uma vez que não é relevante a manifestação da vontade, mas o fato de que a carta esteja colocada nas dependências da repartição pública, devidamente endereçada e selada (*Principi di Diritto Tributario*, v. 1, pp. 298 e 299).

Assegura, da mesma forma, que não é necessário o pedido do particular. Cuida-se de obrigação decorrente da própria coisa, isto é, do serviço que está prestando. Se, em caso tal, tem o contribuinte o dever de pagar, afirma Berliri, nasce uma taxa. Caso contrário, uma entrada de direito privado.

Villegas diz que os serviços inerentes à soberania é que identificam a possibilidade da cobrança da taxa (artigo cit., *RDP* 17/329). Afirma que "existem atividades que só o Estado pode executar, porque não se concebem as mesmas levadas a cabo por particulares, e que, por outra parte, é obrigatório para o Estado prestá-las" (idem, ibidem). Exemplifica com os ataques externos, a administração da justiça, o poder de polícia e a ordem interna (idem, ibidem).

A posição do autor, a nosso ver, significa, simplesmente, deslocar o eixo da controvérsia. A dificuldade de se encontrar o regime jurídico dos preços e distanciá-lo do das taxas levaria à dificuldade de saber o que são serviços inerentes à soberania. Daí, elimina, tirando os acima mencionados, todos os demais serviços como ensejadores da cobrança de taxas.

Alberto Xavier, embora reconheça a dificuldade da distinção, entende que ela há de se buscar na "essência da titularidade do Estado, de acordo com a concepção política dominante numa sociedade" (*Manual de Direito Fiscal*, v. 1, p. 54). Afirma que os preços "correspondem a bens ou serviços que não são por essência da titularidade do Estado, de acordo com a concepção política dominante, e que são objeto de oferta e procura, dada a sua suscetibilidade de avaliação nos termos que são próprios do regime de mercado" (ob. e loc. cits.).

Vê-se que a posição do último autor coincide com a de Villegas, só que com alteração da terminologia.

É nesse sentido, também, a posição de Armando Giorgetti (*Lezioni di Scienza delle Finanze e di Diritto Finanziario*, v. I, p. 104), acompanhando Giannini.

Rubens Gomes de Sousa ensina que "são preços públicos as exações instituídas pelo Estado para custear atividades que, por sua natureza, não sejam específicas das funções do Estado em sua qualidade de entidade soberana de Direito Público; por outras palavras, atividades que, por sua natureza intrínseca, seriam próprias da atividade particular, mas cujo exercício é avocado pelo Estado em razão do interesse público que exija a sua instituição, o seu efetivo exercício, ou a sua difusão. Em resumo, o preço público é o próprio preço privado, sempre que perca esse caráter privado em razão do monopólio legalmente instituído pelo Estado" ("Parecer", in *RDA* 26/364).

A doutrina francesa igualmente fala que sobre os serviços obrigatórios ou quando exigidos pelo uso normal de dependências de uso público cobra-se *taxa*. Já, quando se fala em liceus escolares, serviço de água, ônibus, gás etc., tem-se *preço*. Quando o serviço é não-obrigatório, não se cuida de imposto ou taxa. É a orientação de Gaston Jèze ("Nota de jurisprudência", pp. 362-372). No mesmo sentido Louis Trotabas, ao dizer que "la contreprástation d'un service publique *obligatoire* ou de l'usage normal du service publique" é o que se denomina taxa (*Précis de Science et Législation Financières*, p. 164).

A dificuldade em concordar com a doutrina francesa diz com o que é *obrigatório*. Obrigatório a quem? Destina-se à prestação obrigatória do serviço, por parte do Estado, ou ao uso obrigatório por parte do administrado? Poderia o Estado deixar de exercer o serviço público? Fica a seu critério prestar utilidades aos cidadãos? Está nele a escolha?

Fica-se, evidentemente, sem saber o que é serviço público. Mais que isso, as garantias dos cidadãos são relegadas a segundo plano.

Demais disso, em pleno inverno, seria possível deixar de fornecer gás ou energia elétrica, para o aquecimento dos imóveis? Poderia o Estado cessar, se quisesse, o fornecimento de água?

Como fazer com o princípio denominado de continuidade da prestação de serviços públicos?

Uso terminológico inadequado bastante grande é feito por Giuseppe Ugo Papi (em *Novissimo Digesto Italiano*, na rubrica "Prezzi (Economia e Scienza delle Finanze)", v. XIII, p. 826), ao falar sobre os preços que rotula de públicos e neles engloba o imposto. Para nós, a confusão terminológica, aí, fica completa, embora o problema esteja sendo analisado à luz da Economia e da Ciência das Finanças. Bastaria, então, falar-se em meras entradas, independentemente de qualquer outro qualificativo.

José Luiz Pérez de Ayala e Eusébio Gonzáles, após estudarem a taxa, definem-na "como um tributo que se estabelece expressamente por lei a favor do Estado ou outro ente público e exigível quando se presta um determinado serviço, sendo o prestatário o obrigado ao pagamento do tributo" (*Curso de Derecho Tributario*, v. I).

10.1 Babel de enfoques

Na doutrina brasileira reina confusão generalizada. Tanto que alguns autores publicaram texto sobre a distinção entre taxa e preço e chegaram às mais diversas conclusões. Alcides Jorge Costa esclarece que, *de lege ferenda*, deveriam "excluir-se do campo das taxas os serviços denominados industriais, como, p. ex., o fornecimento de água, correios e telégrafos" ("Taxa e preço público", *Caderno...* 10/5), mas reconhece a dificuldade no tratamento do tema. Américo Lourenço Masset Lacombe é taxativo: "sempre que o Estado exige uma prestação como decorrência de um serviço público prestado ou posto à disposição do obrigado, estaremos diante de uma taxa" (idem, p. 15). No mesmo sentido a posição de Aurélio Pitanga Seixas Filho (idem, p. 28), distinguindo taxa e preço em razão do regime jurídico. Carlos da Rocha Guimarães busca no serviço o critério distintivo (idem, p. 42). Edvaldo Brito sustenta tratar-se de taxa sempre que se destinar, a atividade do Estado, para custear função pública, seja qual for o instrumento utilizado (idem, p. 77). Gilberto de Ulhôa Canto calca seu critério de enfoque da matéria sob o ângulo da "natureza das atividades, sob o prisma da inerência às funções do Estado" (idem, p. 90). Hamílton Dias de Sousa e Marco Aurelio Greco alteram, ligeiramente, sua posição anterior, admitindo que o legislador possa disciplinar o serviço, à sua maneira, mas afirmando que, se o fizer, entendendo-o como serviço público, a remuneração será taxa (idem, pp. 124 e 125). Hugo de Brito Machado afirma que não é razoável admitir que o Poder Público preste, diretamente, serviços remunerados mediante preços (idem, p. 149). Ives Gandra da Silva Martins firma suas conclusões em admitir relação de subordinação e falta de alternativa da utilização, por parte do usuário, do serviço público (idem, p. 178). José Eduardo Soares de Melo esclarece que as taxas remuneram serviços públicos previstos constitucionalmente, enquanto que os preços remuneram os serviços prestados sob regime de direito privado (idem, p. 201). Sacha Calmon Navarro Coelho submete a taxa aos princípios da anterioridade e legalidade, enquanto que os preços públicos podem ser fixados e cobrados compulsoriamente, caindo por terra a falácia de que são sempre definidos pelo mercado (idem, p. 223). Toshio Mukai fala na função essencial do Poder Público para identificar a taxa (idem, p. 247). Wagner Balera coloca o problema no provir a taxa da lei e o preço de acordo de vontades (idem, p. 267). Ylves José de Miranda Guimarães afirma que o preço público tem em vista o regime jurídico público, equivalendo a tributo (idem, p. 317). Zelmo Denari afirma que as taxas são tributos vinculados à atuação estatal, enquanto que os preços são receitas expressivas de serviços prestados por entidades governamentais ou concessionárias de serviço (idem, p. 346).

Ainda que exaustiva a menção a todos os autores que meditaram sobre o tema, de acordo com as monografias publicadas no n. 10 do *Caderno de Pesquisas Tributárias* citado, sob o rótulo "Taxa e preço público", a pesquisa valeu para que fossem apontadas as divergências com que cada autor focalizou o assunto. É que, dependendo do enfoque e da ideologia com que cada qual analisa o problema, chega a conclusões distintas.

Evidente está que havemos de nos definir, teoricamente, para que possamos chegar a nossas conclusões, em face da detida análise do ordenamento jurídico.

Assinala Caio Tácito que "podemos concluir, conseqüentemente, que no plano da elaboração legislativa, como no da exegese jurisdicional, a noção de *preços públicos* já adquiriu foros de autonomia, inconfundindo-se com o conteúdo das *taxas*. Ambas correspondem à apropriação de bens ou serviços divisíveis e caracterizados. Mas, enquanto as taxas pressupõem a *obrigatoriedade* e dispensam a utilização efetiva (é necessário, apenas, que os serviços se encontrem *à disposição* dos usuários), os preços públicos equivalem a serviços facultativos e não se impõem senão em virtude do ato direto de uso ou aquisição" ("Taxa, imposto e preço público – Tarifa...", *RDA* 44/518-534, especialmente p. 528).

Termina por concluir que as "tarifas" dos serviços públicos concedidos são preços (idem, ibidem). Acrescenta que "o fato de que as *tarifas* constituam emanação, da vontade do Estado não é suficiente para lhes imprimir natureza tributária. Falta-lhes, de uma parte, o liame a um serviço público obrigatório, oriundo da soberania do Estado" (parecer cit., p. 529). Esclarece que os preços podem ser fixados independentemente de qualquer lei, uma vez que, não se cuidando de taxa, fora estão das restrições tributárias (*no taxation without representation*).

Em contrapartida, afirma Eros Grau que "nisso, pois, uma determinação impositiva, enunciada pela Constituição: serviços públicos específicos e divisíveis devem ser remunerados através da arrecadação de taxas" ("Taxa e serviço público", *RDT* 52/86-96, especialmente p. 95); e, em seguida, categoricamente, afirma que "custos do exercício da atividade de poder de polícia e da prestação de serviços públicos – não importa se facultativos ou compulsórios, desde que específicos e divisíveis – *devem e só podem ser remunerados através da arrecadação de tavas*" (artigo cit., p. 96).

Como bem salientado, estão presentes a supremacia do interesse público e sua indisponibilidade. Ao Estado não é dado transigir com ele. Vem definido na Constituição e nas leis. Logo, se o interesse público é indisponível, não pode a atividade prestada pelo Estado estar submetida a regime contratual. Como ensina Marco Aurelio Greco, "se o serviço público se qualifica pelo regime jurídico próprio (o administrativo), se o princípio basilar do regime administrativo é o da indisponibilidade do interesse público (negador da liberdade contratual – o administrador não é dono, logo não é livre), se a força propulsora (fundamento) da atuação estatal é a lei, via de conseqüência, o pagamento a cargo do particular que se utiliza do serviço é *conseqüência da atuação* e não compõe a hipótese de prestação de serviço. Esta dar-se-á tendo por fundamento único e exclusivo a lei.

"Assim, se o serviço público se caracteriza pelo regime jurídico, e este não se constitui em regime de direito privado, logicamente não pode dar ensejo a um *preço*, que é a figura mais típica e expressiva da relação de direito *privado*" ("Tributos e preços públicos", *RDT* 11-12/ 276-283, especialmente p. 282).

Conclusivamente, afirma o autor que, "em outras palavras, em nosso modo de ver, *afirmar que um serviço público está sendo remunerado por preço é contradição nos termos*" (idem, ibidem).

Vê-se, pois, que, cuidando-se de serviço público específico e divisível, somente é possível a cobrança de taxas, ressalvada a hipótese de ser ele prestado mediante permissão ou concessão, casos em que a retribuição será mediante preço.

Caso se cuide de serviço indivisível, por exemplo, a segurança pública, a cobrança não pode ser efetuada individualmente, sendo os serviços suportados pelos impostos.

Daí a irrefutável conclusão de Marco Aurelio Greco ao afirmar que o "critério distintivo de preço e tributo não se encontra – como afirmam certos autores – no regime da entrega do dinheiro, mas no regime a que se submete a atividade desenvolvida pelo Estado" (*Norma Jurídica...*, p. 76).

11
POSSIBILIDADE DE OPÇÃO DO LEGISLADOR.
PODER, DEVER, DIREITO, OBRIGAÇÃO

Não se pode aceitar, em hipótese alguma, a opção do legislador para fixar o que vai cobrar (correta a observação de Geraldo Ataliba, in "Sabesp", *RDP* 92/89), a não ser que a definição do que seja serviço público fique ao exclusivo alvedrio do intérprete. O serviço público vem emoldurado na Constituição Federal. Dão-lhe conteúdo os diversos artigos e parágrafos normativos que consagram os deveres do Estado.

Como já escrevemos, "por *poder*, no âmbito do Direito Público, entendemos *a possibilidade de um centro de imputação normativa interferir na esfera jurídica do outro*. Isto é, se alguém pode *constranger* outrem a fazer ou deixar de fazer alguma coisa ou abster-se de fazê-la, em decorrência de autorização contida em norma integrante do sistema normativo, possui poder. É *situação jurídica*. Logo, não relacional. Sempre que alguma pessoa tenha *competência* (limite de poder, de vez que a garantia de todos estará em que o poder seja utilizado de acordo com a competência estabelecida) para criar vínculo jurídico, independentemente do consentimento de outra, extrovertendo o linde traçado no interior de sua própria esfera jurídica, alcançando outro centro de imputação normativa, estamos perante um centro emanador de poder. Não tem sentido unidirecional" (*Licitação*, p. 10). Como afirma Santi Romano, "poderes em sentido estrito são aqueles de desenvolvimento da capacidade jurídica qualificada numa das suas direções ou aspectos genéricos" (*Princípios de Direito Constitucional Geral*, p. 138).

O poder é visto desse ângulo estático. No Direito Público não basta que o Estado seja um dos sujeitos, "senão que cabalmente há de aparecer em sua condição de 'poder público'" (Garrido Falla, *Tratado de Derecho Administrativo*, p. 410).

O *dever* igualmente tem sentido estático e *implica* limitação ou supressão de atuação na ordem jurídica. O sistema determina obediência à norma.

Quando se afirma que o Poder Público tem o dever de licitar, quer-se dizer que sua atuação está limitada às próprias normas que disciplinam sua atividade. Não pode agir livremente. Sua ação tem peias. Curiosamente, a *restrição do dever* coloca a pessoa jurídica na situação de *poder*. Ou seja, tendo o dever de fazer alguma coisa (p. ex., o serviço público), a ordem jurídica concede o poder correlato.

Tanto o poder como o dever representam *situações jurídicas*. Ambos não se exaurem e não se extinguem pelo exercício, possuindo caráter estável e permanente, podendo ser fonte ou causa de uma série indefinida de relações (Santi Romano, ob. cit., p. 137).

Quem tem *poder*, está em dada *situação*. Assim, os órgãos do Poder (Legislativo, Executivo e Judiciário) sempre estão sobranceiros, podendo fazer uso do poder, a qualquer tempo, investindo no íntimo da esfera jurídica de terceiros.

Na situação jurídica, as características são as seguintes: a) é genérica; b) não se esgota; c) não diz respeito a objeto específico; d) não tem correlata obrigação; e) é prévia à relação decorrencial e f) é o órgão emanador que possui força imperativa.

Assim se caracterizando as situações, o administrado apenas tem direito de exigir que o Estado limite sua ação à moldura dos poderes e deveres traçados. É garantia sua de que não extravase o poder, limitado pela competência, e aja nos moldes dos deveres impostos.

No caso que se analisa, tem a Administração Pública o *dever*, isto é, limitação de agir. Somente pode prestar as atividades dentro dos esquemas traçados na Constituição Federal, prevendo a ordem normativa o *poder correlato*, para atingimento dos desideratos traçados na Constituição.

Encontrar-se em *situação* jurídica significa que sempre ensejará afluência de *relações* geradoras de direitos e obrigações. Consoante já escrevemos, na estrutura jurídica do Estado, assume ele "como dever a perseguição de determinadas finalidades (ou valores). O que tem que prestar, por força de imposição a nível constitucional ou legal, de vez que a enumeração constitucional não é exaustiva, constitui-se em serviço público" (*Licitação*, p. 23).

Ao ingressar na relação, gera o Estado direitos subjetivos, tendo como correspectivo as obrigações. O direito subjetivo serve para identificar um sem-número de relações e situações, sendo palavra ambígua, já tendo sido descartada de utilidade por Alf Ross (*Tû-tû*, Buenos Aires, Abeledo-Perrot, 1976, p. 22), ao afirmar que "não é nada em absoluto, é simplesmente uma palavra, uma palavra vazia desprovida de toda referência semântica". Ao depois, afirma que "o conceito de direito subjetivo é um instrumento para a técnica de apresentação que serve exclusivamente a fins sistemáticos e que em si não significa nem mais nem menos que *tû-tû*" (p. 42).

Tentamos analisar o direito subjetivo como certa situação em que alguém esteja em posição de supremacia e outrem em posição de inferioridade. Necessária a existência de um *título especial*. Alguém tem que sacrificar seu interesse em atendimento à posição de superioridade em que se encontra o titular do direito subjetivo e atender ao que lhe manda a ordem normativa, seja voluntária, seja coercitivamente, através do Judiciário (que tem poder, isto é, está qualificado a investir contra a esfera jurídica de alguém). É a *obrigação*.

A situação jurídica é não relacional e a relação jurídica (manifestada por direitos e obrigações) é sempre vinculativa de alguém a outrem, ligados por um *título*. Significa esse o elo que vai unir dois centros subjetivados de interesses, em torno de um *bem da vida*, seja pela convergência das pretensões, seja por sua divergência, com o que se instaura a lide, mas, de qualquer forma, ungidos em torno de *um objeto jurídico*.

Como bem assinala Santi Romano, "o direito implica sempre uma determinada relação e dela é elemento; o poder pode compreender-se em relações, mas permanece fora delas. O direito, como nas relações reais, pode ter um objeto ou pode, como nas relações pessoais, constituir uma 'pretensão', de um sujeito para com um outro que, em correlação, tem um dever. O poder não tem nunca um objeto específico e não se resolve em pretensões" (ob. cit., p. 141).

Poder e dever não se exaurem pelo uso, enquanto que direito e obrigação extinguem-se, seja pelo cumprimento espontâneo ou pela perda do objeto, ou, ainda, pelo reconhecimento e satisfação da pretensão através do Poder Judiciário.

O que se diz é que, tendo o Estado o dever de prestar determinada utilidade aos indivíduos, não pode deixar de fazê-lo. O serviço público é dever do Estado. Em seu exercício, desenvolve obrigações em face dos administrados e, de seu turno, dá origem a direitos subjetivos, como o direito subjetivo ao serviço público.

Seria possível, em face do que se vem dizendo, fazer com que o Estado opte pela forma de prestação do serviço?

Em voto proferido no STF, o Min. Xavier de Albuquerque afirmou que: "não aceito a doutrina de que o legislador possa, a seu arbítrio, qualificar certo encargo como taxa ou como preço. Poderia admiti-la, atendendo às conhecidas dificuldades que a identificação das duas espécies oferece, se a qualificação fosse indiferente para o Direito Constitucional e o Direito Tributário nacionais. Mas não posso consentir em que o legislador, no uso desse propugnado arbítrio, possa, transmudando-a em preço, livrar determinada taxa da rígida disciplina a que está submetida pela Constituição e pelo Código Tributário Nacional, que uma e outra encerram o estatuto do contribuinte" (*RDA* 135/48).

Como ensina Gordillo, a "ordem jurídica constitucional, ao criar o Estado e lhe reconhecer certas faculdades frente aos habitantes, estabelece e reconhece também os direitos que os indivíduos possuem frente ao Estado" (*Princípios Gerais de Direito Público*, p. 66). E continua o mestre afirmando que "a enunciação dos direitos dos indivíduos não é uma mera declaração programática, é uma norma jurídica imperativa imposta pelo povo ao Estado, *a quem tem que reconhecer* – aquelas faculdades" (ob. cit., p. 66). Em seguida, afirma que "os limites que o Estado de Direito impõe são estendidos à própria lei; se diz então, como já vimos, que também a lei deve respeitar princípios superiores" (p. 68).

Como se vê, não pode o Estado, a pretexto de facilitar a prestação dos serviços públicos ou de melhorá-los, estabelecer normas infraconstitucionais que possam esvaziar o conteúdo dos princípios e direitos constitucionais. Nem pode alterar o regime da prestação de serviços, para efeito de tornar os direitos assegurados meras regras desprovidas de conteúdo garantidor. Tal não se passa quando o Estado, por decorrência do disposto no art. 175 transpassa serviços, mediante permissão ou concessão. Atuando dentro da previsão constitucional, não lesa direitos, nem agride a intimidade dos usuários. Os direitos constitucionalmente assegurados servem de limite à ação do Estado. Este pode tentar, por todos os meios, diminuir a robustez dos direitos estabelecidos. Todavia, deve o Judiciário restaurá-los.

Sendo assim, pode-se afirmar que, cuidando-se de serviços públicos, na forma conceituada e delimitada, não tem o Estado opção legislativa. A única alternativa vem prevista no art. 175 da Constituição, quando admite que serviços públicos possam ser prestados mediante permissão ou concessão, casos em que assegurar-se-á legítima "política tarifária", o que significa garantir os ganhos aos permissionários ou concessionários de serviços públicos, mediante contraprestação que os remunere, de acordo com o pactuado em contrato.

A lição de Geraldo Ataliba tem sido apontada como a de autor que permite a escolha por parte do legislador sobre a incidência de taxa ou de preço, diante do texto contido em seu trabalho sobre "Considerações em torno da teoria jurídica da taxa" (*RDP* 9/43-54, em especial p. 51). O que diz o autor é que seria lícito ao legislador alterar ou dispor sobre o tipo da contraprestação, se não houvesse restrições, como há no Brasil. Daí afirmar: "Ou se trata de relação contratual, na qual a base da obrigação de pagar está na vontade das partes, ou a relação surge em virtude da lei, relegadas as vontades das partes à mera função de movimentar o mecanismo previsto na lei" (artigo cit., p. 52).

Em suma, não há escolha.

A propósito da denominada *taxa de remoção do lixo*, entendeu o STF que não podia o Município cobrar "tarifa" dos contribuintes, uma vez que o serviço de coleta de lixo é serviço público e que a contraprestação admitida constitucionalmente é apenas a taxa. Entendeu que sua utilização é compulsória (*RDA* 160/80, rel. Min. Oscar Corrêa).

Conclusivamente, não tem o Estado opção legislativa para instituir taxa ou exigir preços por atividades obrigatórias que tem que prestar.

O sentido da ação do Estado tem conteúdo e limites fixados e traçados na Constituição da República, descabendo qualquer alteração em nível legislativo.

12
O PATRIMÔNIO DA UNIÃO

12.1 Direito de propriedade. 12.2 Patrimônio mobiliário. 12.3 Privatização.

O art. 20 da CF dispõe que são bens da União:

"I – os que atualmente lhe pertencem e os que lhe vierem a ser atribuídos;

"II – as terras devolutas indispensáveis à defesa das fronteiras, das fortificações e construções militares, das vias federais de comunicação e à preservação ambiental, definidas em lei;

"III – os lagos, rios e quaisquer correntes de água em terreno de seu domínio, ou que banhem mais de um Estado, sirvam de limites com outros países, ou se estendam a território estrangeiro ou dele provenham, bem como os terrenos marginais e as praias fluviais;

"IV – as ilhas fluviais e lacustres nas zonas limítrofes com outros países; as praias marítimas; as ilhas oceânicas e as costeiras, excluídas, destas, as áreas referidas no art. 26, II;

"V – os recursos naturais da plataforma continental e da zona econômica exclusiva;

"VI – o mar territorial;

"VII – os terrenos de marinha e seus acrescidos;

"VIII – os potenciais de energia hidráulica;

"IX – os recursos minerais, inclusive os do subsolo;
"X – as cavidades naturais subterrâneas e os sítios arqueológicos e pré-históricos;
"XI – as terras tradicionalmente ocupadas pelos índios.
"§ 1º. É assegurada, nos termos da lei, aos Estados, ao Distrito Federal e aos Municípios, bem como a órgãos da Administração direta da União, participação no resultado da exploração de petróleo ou gás natural, de recursos hídricos para fins de geração de energia elétrica, e de outros recursos minerais no respectivo território, plataforma continental, mar territorial ou zona econômica exclusiva, ou compensação financeira por essa exploração.

"§ 2º. A faixa de até 150 km de largura, ao longo das fronteiras terrestres, designada como faixa de fronteira, é considerada fundamental para defesa do território nacional, e sua ocupação e utilização serão reguladas em lei."

A origem de todo o patrimônio do Poder Público advém de terras, prédios, bens móveis e semoventes. Historicamente, eram terras, minas, florestas e rebanhos. Os Estados-membros têm o domínio das terras devolutas situadas em seus territórios.

Muitos bens, ao longo da História, foram adquiridos por guerras de conquista. Interessantes, a respeito, as páginas de Sainz de Bujanda, em seu *Hacienda y Derecho* (v. I, pp. 140 a 308).

Pode o Estado, ao lado de manter seu patrimônio imobiliário, utilizá-lo mediante concessão, permissão ou autorização de uso, obtendo renda. Alberto Deodato divide o patrimônio em público e privado. Para obtenção de receitas dele provenientes, a distinção é irrelevante (*Manual de Ciência das Finanças*, pp. 34 e 35).

Embora o art. 87 do Decreto-lei 9.760, de 5.9.1946, fale em *locação* de bens imóveis, de locação não se cuida, mas das diversas formas possíveis de uso e ocupação do patrimônio imobiliário do Poder Público, mediante pagamento de um preço, tanto que é feita a locação através de licitação, "pelo maior preço" (arts. 95, parágrafo único, e 94, § 1º, do Decreto-lei 9.760).

A observação de Hely Lopes Meirelles é exata ao procurar evitar confusão terminológica (*Direito Administrativo Brasileiro*, p. 499, nota 18).

Fala-se, então, em autorização de uso, permissão de uso, concessão de uso e concessão de direito real de uso. As duas primeiras são precárias e não geram direitos. Podem ser remuneradas. A autorização beneficia exclusivamente o particular (retirada de água de fonte pública, p. ex.). A permissão tem interesse coletivo (é o caso de mercados públicos ou áreas de instalação de feirantes, estacionamento de táxis etc.). A concessão tem caráter contratual (concessão de minas, de águas, áreas de aeroportos, de terrenos de cemitérios etc.). A concessão do direito real de uso ocorre quando a Administração transfere o uso de terreno a particular, como direito real resolúvel. É o caso dos terrenos de marinha.

O que vale dizer é que o Poder Público pode outorgar (expressão genérica, de forma a abarcar todas as modalidades de cessão) o uso de seus bens a particular, mediante o pagamento de determinado valor.

É entrada *originária*, uma vez que advinda de bem público. Irrelevante cuidar-se de ato unilateral ou bilateral (contratual). Na verdade, a vontade do particular apenas vai concorrer para a formação do vínculo.

Em tais casos, o pagamento é *preço*, de vez que realizar-se-á ele nos termos e de acordo com as regras normais do mercado, ou em decorrência de lei, como é o caso do aforamento.

Assim, pagar-se-á *preço* da autorização, pela permissão de uso, pela concessão ou pela concessão do direito real de uso. No caso de perpétua, no cemitério, por exemplo, paga-se o preço real do imóvel. É como se fora uma compra e venda. Só que, cuidando-se de terreno público destinado a uso exclusivo e privativo de particular, ocorre a concessão mediante o pagamento de um preço. São livres a oferta e a procura.

Concedia-se a enfiteuse ou aforamento (art. 678 do antigo CC), incidindo dois titulares sobre o mesmo imóvel (o enfiteuta e o senhorio direto). O atual Código Civil extinguiu o instituto, como se vê do disposto no art. 2.038. Da mesma forma, o aforamento. Não mais se pode cobrar o laudêmio (inciso I do § 1º do mesmo artigo) Melhor fica a concessão do direito real de uso, em moderna técnica administrativa. Pela ocupação, na enfiteuse, pagava-se o foro, a saber, "contribuição anual e fixa que o foreiro ou enfiteuta paga ao senhorio direto, em caráter perpétuo, para o exercício de seus direitos sobre o domínio útil do imóvel" (Hely Lopes Meirelles, *Direito Administrativo...*, p. 503). O *laudêmio* "é a importância que o foreiro ou enfiteuta paga ao senhorio direto quando ele, senhorio, renuncia ao seu direito de reaver esse domínio útil, nas mesmas condições em que o terceiro o adquire" (idem, ibidem).

Cuidava-se, aqui, de imóveis situados em terrenos de marinha ou foreiros e que, por se constituírem em concessão de direito real de uso (art. 678 do antigo CC), o concessionário era obrigado a pagar o foro e, na hipótese de alienação, o laudêmio (art. 101 e § 2º do art. 102 do Decreto-lei 9.760/1946). Já se decidiu que "a taxa de ocupação de terreno de marinha não é tributo, mas preço público" (TFR, rel. Min. Carlos Velloso, in *RDA* 153/88) – com o quê se concorda.

Alguns autores confundem a cobrança de tais valores, que são preços, por provirem da disponibilidade de bens patrimoniais do Estado, com as denominadas taxas de polícia. O poder de polícia destina-se a condicionar a liberdade e propriedade dos particulares, adequando-as ao bem comum (Celso Antônio, *Elementos de Direito Administrativo*, p. 709). No caso que se analisa, as entradas são originárias, por provirem da "exploração" do patrimônio público, e, pois, não se confundem com as taxas, como se verá oportunamente, em maior riqueza de detalhes.

Pode, também, o Poder Público *alienar* seus bens, quando, então, haverá *ingresso* de dinheiro. Como é de sabença comum, os bens públicos diferem dos particulares, diante do regime jurídico que os ornamenta. Gozam de certas características (inalienabilidade, imprescritibilidade e impenhorabilidade). Todavia, uma vez desafetados (art. 66 do CC) do uso comum ou do uso especial, caem na categoria de dominiais, e, daí, pode ocorrer sua venda. Tanto em relação aos imóveis quanto aos móveis e os semoventes há regras rígidas para sua alienação, exigindo autorização legislativa (quando imóveis) e avaliação prévia e licitação (incs. I e II do art. 17 da Lei 8.666/1993).

Os bens públicos podem ser "de uso comum do povo (...) (inciso I do art. 99 do CC), de uso especial (...) (inciso II) e dominicais (inciso III). A alienação opera-se mediante licitação (art. 17, cit.).

Depende a alienação de "autorização em decreto e será sempre precedida de parecer do órgão próprio responsável pelo patrimônio da União, quanto à sua oportunidade e conveniência" (art. 195 do Dec.-lei 200/67), e apenas ocorrerá "quando não houver interesse econômico e social em manter o imóvel no domínio da União, nem inconveniente quanto à defesa nacional do desaparecimento do vínculo de propriedade" (parágrafo único).

Há legislação específica a respeito das alienações. Todavia, o que nos importa é saber as formalidades iniciais e que o resultado final será um preço, obtido mediante aferição no mercado livre. Trata-se de ato administrativo em sua origem (liberação) e contrato civil em seu resultado (*RTJ* 32/352 e *RDA* 46/192).

Como esclarece Sainz de Bujanda, "o que interessa aqui destacar é que nas alienações de bens do Estado a lei, quando seja necessária, não constitui o título de transmissão. O título de transmissão é o título privado (venda, permuta etc.). A lei de transmissão é o título de legitimação do órgão administrativo que concorre a dito negócio privado. Esta é a justificação de que o produto de alienações constitua um ingresso de Direito Privado" (*Notas de Derecho Financiero*, v. 2º, t. 1, p. 98).

Tanto quanto a venda resulta em *preço*, de igual maneira, as demais formas de exploração do patrimônio público, que, ao lado de serem entradas originárias, resultam sempre em preço.

As *fazendas* do Poder Público, destinadas à exploração econômica quando da venda de seus produtos, recebem preços, concorrentes no mercado livre. Por exemplo, se produzem ovos, semoventes e árvores de qualquer espécie, uma vez alienados no mercado, o ingresso é originário e denomina-se *preço*.

Assim, também, os recursos minerais, que pertencem à União, inclusive os do subsolo (inc. IX do art. 20 da CF). Para a expedição do alvará de autorização de pesquisa (art. 176, §§ 1º e 2º) e, posteriormente, a concessão para exploração da jazida em lavra há necessidade do pagamento de determinado valor, que é um preço. Cuida-se de exploração dos bens públicos. É ato constitutivo de direito outorgado ao particular que possibilita a exploração do bem público, tal como definido na Constituição Federal.

Em relação ao mar territorial, exige a União o registro das embarcações, o que dimana do exercício do poder de polícia em relação à pesca (Decreto-lei 1.098/1970). Fica ela reservada às embarcações brasileiras. Observe-se, entretanto, que não se está em exploração do domínio público. Há liberação para que tal possa ocorrer. Nada exige o Estado em decorrência da própria pesca. Aí, cuida-se de uso gratuito.

Passam a compor o patrimônio do Estado, caracterizando entradas, as denominadas *áreas institucionais* decorrentes do pedido de aprovação de loteamentos. A inscrição do loteamento no Cartório de Registro de Imóveis competente "transfere para o domínio público do Município e torna inalienáveis, por qualquer título, as vias de comunicação, e os espaços livres e as áreas destinadas a edifícios públicos e outros equipamentos urbanos, constantes dos planos de arruamento e loteamento e do memorial, independentemente de qualquer outro ato alienativo" (José Afonso da Silva, *Direito Urbanístico*, São Paulo, pp. 327-328). Anota o ilustre autor que algumas leis municipais exigem a doação da área, entendendo legítimo tal procedimento, que, inclusive, tem efeito de transferência, "com validade inequívoca" (*Direito Urbanístico...*, p. 328). Trata-se de receita pública.

12.1 Direito de propriedade

O *direito de propriedade* no Direito Romano era visto como o direito de usar, gozar e abusar da coisa, o que revelava o sentido individualista da propriedade. Em todas as modernas Constituições vem ele assegurado, o que acontece em nosso texto (inc. XXII do art. 5º da CF), mas limitado pelo atendimento à sua função social (inc. XXIII).

No direito privado, a definição legal assegura "a faculdade de usar, gozar e dispor" da coisa e o direito, de reavê-la de quem quer que injustamente a possua ou detenha (art. 1.228 do CC).

Problema maior surge no direito público, quando se fala em propriedade do Estado, a fim de distingui-la da particular, negando diversos autores que o Estado seja proprietário de seus bens. Inúmeras são as teorias para a caracterização do regime jurídico que exerce o Estado em relação a seu patrimônio (v. Hely Lopes Meirelles, *Direito Administrativo Brasileiro*, p. 485, nota 1), vendo alguns o domínio público como insuscetível de propriedade. Outros visualizam um direito de polícia ou de "guarda e superintendência".

Evidente está que não se pode admitir um direito individualista sobre o domínio do Estado, nem se rege ele pelos mesmos princípios e regras de direito privado. Não mais se pode entrever no conceito de propriedade o conteúdo individualista do Direito Romano, nem do Estado Liberal.

Nada impede, todavia, que o Estado possa explorar os bens pertencentes a seu domínio e as utilidades econômicas que o bem possa conter. Não tem ele o direito de extrair do bem a fruição econômica que possa ter? Tem o dever de zelar por isso. Como diz Laubadère, "é a coletividade proprietária que intervém quando se trata de extrair as conseqüências da propriedade, por exemplo, de receber as rendas que a dependência dominial é suscetível de produzir sem entravar a afetação" (*Manuel de Droit Administratif Spécial*, p. 149).

Nem se pode confundir a propriedade particular com a pública, porque esta tem destinação específica. Não há um bem público que não esteja vinculado a um objetivo especial ou público. É o que se denomina de "propriedade afetada" (idem, p. 134). Nem se pode subtrair do domínio público as características de inalienabilidade e imprescritibilidade. Pelo mesmo princípio, pode-se entrever a desafetação como aspecto inverso da destinação, tornando livre o bem para comércio.

A inalienabilidade pressupõe que não se pode vender o bem, nem dá-lo, sem que sofra o processo da desafetação. Da mesma forma, proíbe de submetê-lo aos denominados direitos reais em proveito de terceiros. A imprescritibilidade pressupõe que o domínio não possa ser perdido pela prescrição aquisitiva ou pelo desuso.

Respeitados os requisitos acima, que inexistem no direito privado, evidente está que há o exercício do direito de propriedade, mas com aspectos específicos.

Como ensina Celso Antônio, a substância do uso e gozo do bem está vinculada à idéia de funcionalidade. "Entende-se por funcionalidade a aptidão natural do bem em conjugação com a destinação social que cumpre, segundo o contexto em que esteja inserido" ("Natureza jurídica do zoneamento: efeitos", in *Estudos de Direito Público*, 1/10).

Assim realmente é. Os bens de uso comum do povo, "tais como os mares, rios, estradas, ruas e praças" (inc. I do art. 66 do CC), destinam-se a não sofrer qualquer tipo de impedimento para fruição de qualquer do povo. Nem pelo fato de o Poder Público, por lei, destiná-los a alguma atividade é que esvai seu caráter de funcionalidade, ou seja, não perde sua aptidão natural, e tem destinação social, possibilitando à Administração obter rendimentos que o bem, naturalmente, pode oferecer.

Deve a Administração Pública explorar os bens que constituem verdadeira riqueza, podendo orientar-se para obter sua melhor utilização econômica.

A relação que se forma, pois, entre o Poder Público e *seus bens* é de propriedade. Não é propriedade regida pelo direito privado, mas o que se denomina *propriedade administrativa*, o que lhe dá o direito de dela retirar as utilidades econômicas. Diga-se o mesmo em relação aos denominados bens de uso especial. Pode destinar os *boxes* de um mercado, por exemplo, à permissão de uso, havendo dos permissionários o pagamento mensal ou anual, tal como dispuser a lei. Embora provenha a relação de um vínculo regido pelo direito público, nem por isso se pode entender cuidar-se de pagamento de taxa; ao contrário, de preço cuida-se. É que não se pode falar nem em poder de polícia, nem em serviço público, mas em típica relação de "locação", decorrente da exploração, pelo Estado, de seus bens, advinda de um vínculo de propriedade.

Maior razão se tem quando se reafirma a premissa em face dos denominados bens dominicais.

Aliás, não foi por outro motivo que o art. 68 do CC dispôs que "o uso comum dos bens públicos pode ser gratuito, ou retribuído, conforme as leis da União, dos Estados ou dos Municípios, a cuja administração pertencem".

Vê-se que os bens podem ter destinação gratuita – permissão de estacionar, independentemente de qualquer retribuição – ou pode ser exigido preço, em decorrência não do exercício do poder de polícia desenvolvido pela circulação de veículos, mas pelo uso especial que alguém faz de um bem de uso comum do povo.

Os escaninhos mentais cedem ante as exigências de novos tempos e diante de nova interpretação que se deve dar às normas. As afirmativas de que os bens públicos não podem ser explorados pelo ente a que pertencem cedem ante exigências modernas. Daí a caracterização do vínculo ser outra.

Qual o fundamento de não poder o Estado "locar" ou, mais tecnicamente, dar "autorização", ou "permissão" ou "concessão" do uso de seus próprios bens? Não só pode, como deve, diante de novas exigências econômicas da sociedade. De repente, os estacionamentos particulares tornaram-se onerosos e o número de veículos aumentou, de tal sorte que se impôs nova solução de aproveitamento das vias públicas. Em conseqüência, nada impede que o Poder Público as utilize e exija retribuição pelo uso do bem público, ainda que de uso comum do povo.

Resulta claro, em conseqüência, que a relação que se instaura entre o usuário do bem e o Poder Público é de propriedade e disponibilidade do bem. É a posição de Hely Lopes Meirelles (*Direito Administrativo Brasileiro*, pp. 489 e ss.).

12.2 Patrimônio mobiliário

No conjunto do patrimônio público encontram-se bens de toda espécie. O mais representativo é o imobiliário. Todavia, pode o Estado possuir obras de arte de toda espécie colocadas em museus e expostas à visitação pública, ou em repartições. Também pode possuir ações representativas de capital social de empresas, seja por aquisição, seja por doações ao Poder Público.

Há outras formas de receita que advêm de diversos comportamentos do Estado. A cultura não ingressa entre as suas atividades obrigatórias. O art. 215 apenas determina que devam ser garantidos o exercício dos direitos culturais e o acesso às fontes de cultura nacional, cabendo o apoio, o incentivo, a valorização e a difusão das manifestações culturais. Não fixa a atividade como serviço público ou como dever do Estado. Logo, trata-se de atividade livre à iniciativa privada, que pode explorar tal domínio. Cabe-lhe a preservação do patrimônio, na forma determinada no § 1º do art. 216.

Em conseqüência do que se vem dizendo, pode o Estado promover recitais de música, bem como peças de teatro, festivais de ópera, onde seja contratado o tenor Pavarotti ou Plácido Domingo, ou qualquer outro espetáculo. Da mesma forma, pode manter museus, seja para preservação da própria história, seja de arte, antropologia, história natural etc. Em tais casos, age no mesmo nível da atividade privada, podendo os particulares manter museus ou locais de espetáculos públicos ou zoológicos etc. O que se cobra em razão de tal atividade é *preço*.

Diga-se o mesmo dos casos de serviços que presta a particulares, mas em concorrência com estes, tais como o serviço de reprodução de *xerox*, ou quando, embora unilateralmente, vende para recomposição de seus custos a "pasta" contendo edital e anexos de procedimento licitatório.

Salienta Celso Bastos que "é sempre encontrável no patrimônio dos Estados uma certa quantidade de títulos representativos de crédito ou mesmo de parte do capital de empresas – 'ações'. São múltiplas as razões que levam o Poder Público a deter esses papéis; por vezes em decorrência do direito sucessório. A ausência de herdeiros e legatários faz reverter ao patrimônio público os bens vacantes, e, dentre estes, podem figurar valores mobiliários cuja administração e exploração o Estado tem que cumprir" (*Curso de Direito Financeiro e de Direito Tributário*, p. 42).

Era comum, em certas épocas, que o Estado assumisse o controle acionário de algumas empresas que podiam estar em dificuldade financeira. Eventualmente, as assumia para aumento do patrimônio ou para exploração da atividade por elas desenvolvida. Da mesma forma, como assinala o mesmo Celso Bastos, pode ocorrer que o Estado componha capitais particulares (tornando-os mistos) para regularizar a exploração de atividades econômicas. É comum que assim proceda.

Tais ações rendem frutos civis ao Estado, na forma de juros ou correção monetária ou, também, dividendos. Tudo ingressa para o patrimônio público, formando a massa de receitas. Os Estados podem receber ações, seja a que título for, vendê-las, desfazendo-se de seu patrimônio mobiliário, caso não queiram mantê-las. Auferem, também, rendas financeiras decorrentes de ações, que são, na terminologia legal, "receitas correntes, da espécie 'patrimonial'" (§ 4º do art. 11 da Lei 4.320/1964, com a redação dada pelo Decreto-lei 1.939, de 20.5.1982), bem como recebem frutos civis de aplicações bancárias, advindas, então, de "receitas de capital".

A legislação efetua classificação das receitas que não é jurídica, mas advinda de conceitos econômicos. O montante de tais bens móveis forma o patrimônio mobiliário do Poder Público.

Possui, também, como mencionado, móveis, quadros, objetos de arte de qualquer espécie, tudo formando seu patrimônio, que pode ser trocado, alienado ou alugado, o que gera receita. Pode o Estado alugar diversos quadros para exposição em algum lugar ou em outro país. De tal relação resulta receita originária.

12.3 Privatização

O Estado, ao longo dos anos, deixou de adotar o regime capitalista, tal como determinaram as diversas Constituições (arts. 173 da CF de 1967 com a EC 1/69 e 170 c/c o art. 173, ambos da vigente Constituição da República), passando a intervir, decisivamente, na economia. De instrumento de *estímulo* e apoio ao desenvolvimento nacional, passou a ser seu *propulsor* quase exclusivo. De *agente de incremento*, tornou-se *produtor*. Inflou o Estado, em franca hostilidade aos preceitos constitucionais, passando a intervir em todos os domínios da vida econômica do país. Adquiriu siderúrgicas, passou ao monopólio do petróleo, criou estatais de toda sorte. Enfim, passou a ostensivo gerador de riquezas. Inseriu-se em todo o setor produtivo, passando a desenvolver o capitalismo de Estado.

Evidente que houve uma distorção. De liberal-burguês, passou a dominador total da economia. Antípoda do que lhe determinou o Texto Maior. O setor produtivo sempre foi, de acordo com o ordenamento normativo brasileiro, campo próprio aos particulares. Era, exatamente, o que caracterizava o regime capitalista. Em manifesto desvio de poder, agiganta-se o Estado, de forma a ocupar espaço que não lhe cabia.

Com tais distorções, criaram-se estatais sem o menor controle. Todas destinadas ao processo produtivo; mas a má gestão, a falta de meios eficazes de controle, a notícia de dotações orçamentárias globais, levaram ao descompasso completo entre os objetivos do Estado e à interferência indevida na economia. Passaram as empresas do Estado a servir de dóceis instrumentos na mão de políticos inábeis, gananciosos e irresponsáveis, de sorte a transformarem as estatais em quintais de cooperação e desvio de verbas públicas. Já não preponderavam nobres interesses, nem estavam eles alinhados com reais necessidades públicas. Ao contrário, ignobilmente, eram bens e serviços das entidades gastos em serviços particulares e escusos, tornando as empresas altamente deficitárias.

Com tal perfil, era necessária injeção de recursos do Estado, que a elas destinava parte substancial das receitas públicas, como subsídio, fazendo sangrar os cofres públicos. Não menos vezes, eram empréstimos nacionais ou internacionais que faziam horrorosa sangria no Erário, sempre em detrimento dos interesses maiores do Estado e normalmente em benefício de interesses escusos de administradores incompetentes e corruptos.

Agigantou-se o Estado, em tal ordem que passou a ter interferência em toda a vida nacional. Excrescente a tarefa do Estado, com indevida interferência no domínio econômico, em detrimento da prestação efetiva de serviços públicos. Estes, de seu turno, não tinham verbas suficientes, porque eram desviadas para cobrir *o déficit* das estatais.

Chegou-se a tal ponto, que era necessária a *privatização*.

A palavra chegou com a *modernização* do Estado. Não se cuida disso. Trata-se, apenas e tão-somente, de cumprir o que já estava no texto do ordenamento normativo.

O que ocorreu foi que os órgãos de controle, controle não tinham. Os que deviam zelar pelos interesses públicos não o faziam. Somado a isso, havia um insatisfatório instrumental processual para coibir abusos e desmandos. A ação popular servia apenas a interesses mesquinhos e politiqueiros. Inexistiam os modernos instrumentos processuais (ação civil pública, legitimação extraordinária, mandado de segurança coletivo) a ensejar que instituições como o Ministério Público pudessem agir com maior eficiência.

Desmandos de toda ordem foram cometidos, sem que os instrumentos de defesa da sociedade tivessem sido acionados. Daí a geração de um sem-fim de abusos. Não se chamava ninguém à responsabilidade e os desvios de comportamento cresceram, de sorte a fazer do Brasil o país de uma das maiores dívidas internacionais do mundo.

Evidente está que a ação contrária à Constituição, mas obediente a critérios políticos e econômicos, nem sempre sadios, levou o Estado a tornar-se paquidérmico e caótico. O descontrole das despesas leva à mistificação dos interesses, o que atinge, facilmente, a corrupção. O rótulo *modernização* do Estado outra coisa não significa senão trazer o Estado para dentro das balizas do permitido constitucionalmente.

Se o Estado não pode gerir atividade econômica, senão aquela "necessária aos imperativos da segurança nacional ou a relevante interesse coletivo", conforme contido na Constituição (art. 173), óbvio está que tudo o que daí exceder será excrescente ao leito do permitido. Deve, em conseqüência, abandonar a intervenção desmedida e retornar ao constitucionalmente permitido.

Sem dúvida que caberia ao próprio Judiciário, em ação própria (declaratória), determinar a venda de empresa estatal, desde que comprovado que não atende ela aos interesses definidos no art. 173 da CF.

Tem que funcionar o Estado na fiscalização, incentivo e planejamento do setor privado (art. 174 da CF). Evidente que o Estado tem interesse na condução correta da economia do país. Não pode, todavia, desviar-se de seus fins, atingindo objetivos diversos.

Ao falar-se, agora, em *privatização*, está o Estado cumprindo o que manda a Constituição. Não é porque quer, mas porque se desviou de seus objetivos. Com a privatização, dá o Estado origem ao ingresso de *receitas originárias*, objetivo deste trabalho.

As formas de desestatização estão compreendidas nos arts. 1º a 4º da Lei 8.031, de 12.4.1990, consistindo a privatização na "alienação, pela União, de direitos que lhe assegurem, diretamente ou através de outras entidades, preponderância nas deliberações sociais e o poder de eleger a maioria dos administradores da sociedade" (§ 1º do art. 2º).

O problema da privatização ou não do patrimônio público não é uma questão ideológica. É problema basicamente financeiro, que vai depender dos interesses em jogo. A prevalência é evidente do interesse público. O que se pode criticar é a forma como foi ela feita, com dilapidação do patrimônio público. Por exemplo, a venda da Companhia Vale do Rio Doce foi feita sem qualquer discussão com a sociedade, de forma açodada, alienando-se, assim, reservas estratégicas de minerais e transferindo-se ao patrimônio particular empresa que, comprovadamente, era bem administrativa e trazia receita ao Poder Público.

Enfim, o que se discute não é a privatização. É a alienação inconseqüente e sem que tivesse havido plano apropriado para a amortização da dívida pública ou o investimento em outras empresas, para recuperá-las ou adequá-las aos planos econômicos do governo.

13

USO DE BEM PÚBLICO. A CHAMADA "ZONA AZUL"

Geraldo Ataliba afirma que pode o Município exigir "taxa de polícia para disciplinar o estacionamento em vias públicas suas" ("Taxa de estacionamento em via pública", *RDP* 69/287). Continuando seu estudo, afirma que, "se o Direito Constitucional brasileiro (art. 18, I) [*da Constituição é a de 1967/1969*] não admite as taxas por uso de bem público, consente, porém, nas taxas por serviços de quadro (*sic*) de veículos, para os casos em que o Município os organize. Quanto às zonas azuis, é lícita a taxa cobrável, por exemplo, a cada duas horas de estacionamento em via pública, a título de taxa de polícia. É que, se todos são iguais perante a lei (art. 153) § 1º [*a remissão também é à Constituição anterior*], todos têm direito de estacionar seus veículos nas vias públicas. Para que isso seja possível, é mister que, no uso do seu poder de polícia, o Município regulamente tal estacionamento e o limite, de modo a permitir o exercício de igual direito, por todos os cidadãos. E, para assegurar a eficácia dessa disciplina, deverá fiscalizar sua observância. Essa atividade de fiscalização configura exercício de poder de polícia" (artigo cit., p. 288).

É essa, também, a posição de Roque Carrazza ("Remuneração pelo estacionamento de veículos em logradouros públicos – Natureza tributária – Taxa", *RDT* 4/292-299).

Sem embargo do peso das autoridades mencionadas, não podemos com elas concordar. Em primeiro lugar, diga-se que se cuida de entrada originária, e não derivada. A saber, a receita não advém do patrimônio particular, mas da exploração do bem público. A utilização do bem público para gerar riquezas por parte do Estado é perfeitamente possível. Em segundo lugar, não está o Estado delimitando comportamentos, com o quê estaria no exercício do poder de polícia. É que este se destina a conformar condutas particulares em benefício do pleno desenvolvimento da sociedade. No caso em análise, disso não se cuida. Como o Estado é o titular do domínio das vias públicas (no caso do Município), pode explorar seus próprios bens, em seu benefício. Daí, fixa caso de ocupação de bem público ou de seu uso, em prol de particulares, que irão pagar o preço adequado e previamente fixado pelo ente público.

Não se pode falar em poder de polícia, porque não está restringindo o direito de propriedade, nem a liberdade dos indivíduos. Simplesmente, explora seu próprio bem, possibilitando que os indivíduos, durante certo tempo, usem-no, em seu prol, mediante o pagamento de um preço. O exercício do poder de polícia estará na fiscalização de trânsito, que é da competência do Município (inc. V do art. 30), e não no uso do espaço físico de estacionamento.

Nada impede que o Poder Público utilize seu bem para exploração econômica. Ao contrário, deve fazê-lo, diante dos problemas financeiros que pode encontrar.

No caso de outorga de bem público para uso de particular, fica o usuário subordinado à fiscalização do Estado. Em decorrência dela, pode exigir a cobrança de uma *taxa*. Mas, como bem ensina Maria Sylvia Zanella Di Pietro, "essa taxa não se destina a retribuir o uso consentido, tanto assim que, independentemente de sua cobrança, pode o usuário ficar sujeito ao pagamento de importância correspondente ao uso da coisa pública" (*Uso Privativo de Bem Público por Particular*, p. 53). Em seguida, afirma que "a remuneração do uso privativo não corresponde a taxa nem a qualquer outra forma de tributo, basta lembrar que o *quantum* dessa remuneração é, em grande parte dos casos, estabelecido no próprio ato administrativo de outorga ou no contrato celebrado entre a Administração e o particular, o que não seria possível em se tratando de tributo, em decorrência do princípio da legalidade" (idem, ibidem).

Em seguida, afirma Maria Sylvia que "o usuário pode estar sujeito ao pagamento de taxa, como ocorre com qualquer particular que exercite atividade fiscalizada pelo Poder Público. Mas essa taxa não tem por fato gerador o uso privativo de bem público, e sim o exercício do poder de polícia do Estado. A taxa não visa a remunerar o uso; a contraprestação deste constitui *preço público*" (ob. cit., p. 55).

No caso das denominadas "zonas azuis", em que particulares pagam para estacionar seus veículos, não concordamos com a posição dos autores antes mencionados e corroboradas por Maria Sylvia (ob. cit., p. 78), ao afirmar que "não há o uso privativo, mas uso comum remunerado, regulamentado e limitado pelo poder de polícia do Estado" (ob. cit., p. 78).

Ora, independentemente de se cuidar de uso privativo ou comum, há exploração, pelo Estado, de seu domínio. Nada impede – ao contrário, recomenda-se – que este explore seu domínio. O bem dominial presta-se a isso, podendo os demais ser explorados pela Administração Pública.

O que se cobra em decorrência de tal permissão não é taxa. Esta pode decorrer da fiscalização a que se encontram submetidas tais pessoas. Todavia, o que se cobra é o uso do bem público, pouco importando que se cuide de uso privativo ou não.

Assim sendo, toda vez que o Poder Público autorize, permita ou conceda o uso de bem público, pode e deve cobrar por tal outorga, fazendo-o através de preços. Quando outorga atos para uso de bancas de jornal, de *boxes* em mercados públicos, estacionamento de táxis, bares de calçadas ou vias públicas, bancas em feiras livres, terreno em cemitério público, apenas pode cobrar preços. Assim afirma Maria Sylvia (ob. cit., pp. 98 e 99), orientando, inclusive, para o mau emprego da palavra "taxa".

Em todas as hipóteses em que o Estado outorga o uso de seus bens, cobra *preços*. É o que conclui Maria Sílvia, ao afirmar que "o uso privativo pode ser *gratuito ou remunerado*; neste último caso, a contribuição paga pelo usuário como contraprestação pela ocupação do bem público tem a natureza de receita originária, resultante da exploração econômica do patrimônio público" (ob. cit., p. 133).

Já julgou o STF que "é preço público e não taxa a quantia cobrada para a manutenção e conservação de estação rodoviária" (*RDA* 103/78, rel. Min. Luiz Gallotti). Anteriormente, assim já decidira (*RTJ* 53/500).

No mesmo sentido leciona Ramon Valdés Costa, ao afirmar que "as entradas do Estado pela ocupação de bens públicos têm a mesma natureza das dos bens fiscais. Há só uma acentuação dos caracteres do direito público, mas não uma transformação de preços em tributo. O Estado não recorre à sua soberania financeira; obtém uma remuneração ou contraprestação pela concessão do usufruto de seu patrimônio, seja este alienável ou inalienável" (ob. cit., v. 1, p. 179, nota 29).

Bem anota Geraldo Ataliba que não *se pode cobrar taxa por uso de bem público* (artigo cit., *RDP* 69/287).

14
RECEITAS DECORRENTES DE OBRAS PÚBLICAS

14.1 Pedágio.

Ensina Hely Lopes Meirelles que *obra pública* "é toda realização *material* a cargo da Administração ou de seus delegados" (*Direito Administrativo Brasileiro*, p. 247). A alteração material da realidade é a obra. Pode constituir-se em construção, isto é, erigir uma edificação ou qualquer alteração no mundo empírico. Pode constituir-se, também, em reforma, ou seja, o melhoramento nela introduzido, sem aumentar sua área ou capacidade, e em ampliação, que, como o nome indica, impõe o aumento da área ou capacidade da construção. As noções foram colhidas do mesmo autor.

Poderia haver alguma cobrança em razão da obra pública?

O Estado pode realizar a obra diretamente ou mediante concessão. Alguns autores, outrora, negavam a possibilidade de tal tipo de contrato. Todavia, hoje, já se admite sua celebração, sem maiores problemas. Segundo Maria Sylvia Zanella Di Pietro, "tem por objeto a execução de uma obra, sendo secundária a prestação ou não de um serviço público" (*Direito Administrativo*, p. 222). No caso da concessão, "ao concessionário é assegurado o direito de administrar o serviço pelo tempo necessário para recuperar o capital que investiu e ainda obter um lucro" (ob. cit., p. 222). Dá como exemplos a construção de uma ponte, de um viaduto, de uma estrada em "que se assegurasse ao concessionário o direito de cobrar pedágio durante certo tempo, para ressarcimento dos gastos efetuados, ou, ainda, a construção de um estacionamento, que fosse administrado posteriormente pelo mesmo concessionário que o construiu" (idem, ibidem).

Saliente-se que, cuidando-se de serviço público, a contraprestação é *taxa*. Em relação à obra pública, paga-se, pelo seu uso ou exploração, o preço. É que, para este último, não há qualquer restrição de Direito Constitucional ou legal.

Afirma, categoricamente, Celso Antônio que "o que descabe é tomar a obra, em si mesma, como fonte de obrigação tributária" ("Taxa de serviço", *RDT* 9-10/28). Após tal assertiva, admite que se possa captar, através de um serviço público, recursos para amortização ou custeio da obra necessária a seu desempenho. Afirma que "o que se proíbe é erigir a obra em hipótese de incidência tributária (hipótese 'a'). Não se proíbe, nem teria sentido fazê-lo, erigir um serviço público em hipótese de incidência, angariando através da taxa recursos que custeiem todas as despesas que lhe são inerentes, inclusive as obras necessárias (hipótese 'b')" (artigo cit., p. 29).

Temos dificuldade em aceitar a afirmação. Se o autor entende inviável a cobrança de taxas decorrentes da construção, ampliação ou reforma, nenhum sentido teria admitir pudesse haver cobrança, através dos serviços, para suportar o peso da obra. Seria o mesmo que não se admitir, admitindo. Daí por que divergimos, neste passo, da orientação do mestre. É que, ou é possível a cobrança, ou não. Se não é, nenhum sentido teria embutir seu valor na cobrança dos serviços, suportando, de qualquer maneira, o contribuinte o valor das obras, em decorrência de subterfúgio administrativo. O comportamento administrativo estaria viciado por desvio de poder.

Em outros países é comum a concessão de obras públicas, para exploração por particulares de estradas ou de estacionamentos em grandes centros. A obra é entregue ao particular, que a constrói, por sua conta e risco, mediante exploração dela, durante determinado tempo. São comuns, especialmente na Europa, tais tipos de prestação de atividades ao particular, mediante a construção de obra pública.

Não se cogita da cobrança de *taxa*. Nem está submetida ao princípio tributário.

Como advertência para que não nos percamos pelos rótulos, anote-se que James M. Buchanan, da Universidade de Virgínia, entende as grandes estradas como serviço público (*Hacienda Pública*, p. 627).

Não nos parece que o serviço está na própria obra. Ao transitarmos pelas vias públicas não nos pode ser cobrado qualquer tributo que diga respeito ao *próprio uso de obra*.

14.1 Pedágio

Muito já se discutiu o que se cobra em razão do pedágio e sobre a constitucionalidade da exigência.

Hely Lopes Meirelles faz longa análise sobre seu nascimento e desenvolvimento ("Pedágio – Condições para sua cobrança", in *Estudos e Pareceres de Direito Público*, v. 1, pp. 323-335). Busca a etimologia da palavra (*pedaticum* – onde se põe o pé), mencionando a origem da cobrança em relação às carruagens e os valores cobrados (*toll*) para construção das rodovias norte-americanas (1940), da Itália (1923) e da França (1955).

O art. 27 da CF de 1946 dispôs que "é vedado à União, aos Estados, ao Distrito Federal e aos Municípios estabelecer limitações ao tráfego de qualquer natureza por meio de tributos interestaduais ou intermunicipais, *ressalvada a cobrança de taxas, inclusive pedágio, destinadas exclusivamente à indenização das despesas de construção, conservação e melhoramento de estradas*".

Ressalta o autor que "a inclusão do pedágio dentre as *taxas* deveu-se, evidentemente, a um erro de técnica do constituinte de 1946, não muito afeito à moderna terminologia dos tributos e preços" (ob. cit., p. 328). O erro foi transmitido para a Constituição de 1967 (inc. II do art. 20), sendo corrigido pela EC 1/1969.

O atual texto, a propósito de dizer que é vedada limitação ao tráfego de pessoas ou bens, abriu a exceção e permitiu a "cobrança de pedágio pela utilização de vias conservadas pelo Poder Público" (inciso V do art. 150). Ora, não está a dizer que se cuida de taxa. Ao contrário, está aceitando que se cobre pela "utilização" da obra, o que não significa possibilidade de cobrar taxa.

O saudoso mestre afirmou que tarifa "não é taxa; não é imposição fiscal compulsória e dependente de autorização constitucional para sua fixação e arrecadação. É um preço público de livre pagamento por quem utiliza o bem ou serviço oferecido aos interessados na sua fruição" (ob. cit., p. 329).

Do mesmo sentido a opinião de Aliomar Baleeiro, que, após efetuar estudo sobre a origem do pedágio ou "rodágio", afirma cuidar-se de preço (ob. cit., pp. 240 e 241).

Entende Sacha Calmon Navarro Coêlho que, em relação ao pedágio, é possível a cobrança seja de taxa ou preço, dependendo do regime jurídico. Todavia, esclarece que, "seja lá como for, o uso em si das estradas não caracteriza o fato gerador das taxas, tal como prescrito pela Constituição. Esta autoriza a instituição de taxa pela *prestação de serviços públicos, específicos e divisíveis, prestados ao contribuinte ou postos à sua disposição*, certo ainda que, nesta última hipótese, a utilização tem que ser declarada *compulsória* para que se aproposite a cobrança pela mera disponibilidade do serviço de utilidade" (*Comentários à Constituição de 1988 – Sistema Tributário*, p. 68). Afirma, todavia, que "o que autoriza a cobrança do pedágio – melhor seria chamá-lo rodágio, como quis Baleeiro – é o uso da via, e os serviços prestados" (p. 68).

Julgando o RE 181.475-6-RS, rel. o Min. Carlos Velloso, j. 4.5.1999, o Supremo Tribunal Federal entendeu que o pedágio tem natureza de taxa.

Os argumentos básicos: em primeiro lugar, a alocação topográfica do artigo, inserto nas limitações constitucionais ao poder de tributar. O argumento não colhe, porque não é sua colocação topográfica no corpo da Constituição que lhe pode dar natureza jurídica. É um argumento; não decisivo. O segundo é que nenhum sentido teria qualquer limitação, caso se cuidasse de preço. Entendemos diversamente, o preço, especialmente contratado pelo Poder Público, pode ter limites, como é o caso da subvenção a entidade da administração indireta ou a concessionário, para manter determinado preço dentro dos limites do razoável e suportado pelo povo.

Dir-se-á que o fato gerador é o serviço de conservação das estradas. Tentou-se instituir uma taxa, fixando tal fato gerador. No entanto, o que se cobra, em verdade, é o uso da obra pública. Em suma, sem embargo da orientação da Colenda Corte, seguimos com nossa orientação.

Sustentamos que o que se cobra em razão do denominado pedágio é preço; isto porque se cuida de disponibilidade patrimonial do Poder Público em relação aos particulares e, sendo o fato gerador o uso do bem público, cabe cobrar o preço daqueles que se utilizam da estrada; os serviços de auxílio ao usuário, de telefones para chamadas de veículos de apoio, fazem parte do valor do que se paga pelo uso do bem. Daí nada poder ser cobrado pela disposição do serviço. Em verdade, o montante pago destina-se à manutenção da rodovia conservando-a em boas condições de uso. Mas o que embasa a cobrança é o uso da obra pública. Por esta, não está limitado o legislador, de vez que a Constituição determina a cobrança de taxa em face de serviços públicos. Nada mais. Diversamente entende o ilustre tributarista Sacha Calmon (ob. cit., p. 70).

Sem embargo do respeito pelos argumentos, estamos convencidos de que não se cobra pelos serviços, nem pela obra. Em verdade, pela construção da obra, como já vimos, apenas é possível cobrar contribuição de melhoria, nos exatos termos constitucionais. O uso que dela se faz, posteriormente, e a utilização dos serviços que ela pode fornecer são remunerados por preço, uma vez que o que se está usando é o patrimônio do Estado. Em verdade, não se paga pelo potencial serviço de guinchamento, de socorro, de reboque, de iluminação, de segurança, ou seja lá o que for. Paga-se pela utilização da obra pública. Por isto, não se pode pagar taxa, por falta de previsão constitucional.

Seguindo raciocínio que se vem desenvolvendo, chega-se à conclusão de que se cuida de preço. Não se pode dizer que há exercício do poder de polícia para controle do tráfego, nem que se está prestando serviço público. A diferença entre serviço e obra vem demonstrada pelo fato de que a obra altera o mundo material. O serviço é mera prestação de comodidade. Ensina Celso Antônio que "obra pública é construção, edificação, reparação, ampliação ou manutenção de um bem imóvel pertencente ou incorporado ao patrimônio público. Serviço público, no sentido restrito em que foi tomado pelo Código Tributário Nacional – e que, aliás, coincide com o sentido que se lhe atribui ao distinguirem-se os institutos da concessão de *serviço público* e concessão de *obra pública* – vem a ser o *desempenho* de uma atividade material, consistente em prestação de um comportamento *cuja atuação proporciona* uma utilidade pública ao administrado" ("Taxa de serviço", *RDT* 9-10/29).

Sendo assim, a obra constitui alteração no mundo físico. O serviço, não. É necessário, por vezes, a realização de uma obra para que, posteriormente, se preste o serviço (p. ex.: canalização para posterior prestação dos serviços de água e esgotos). Enquanto se constrói, pode-se cobrar contribuição de melhoria pela decorrente valorização; posteriormente, somente o serviço. Mas obras há que serão utilizadas pela população (as estradas, p. ex.), e, em decorrência do uso que delas pode fazer o cidadão, legítima a cobrança do denominado pedágio, para que o uso da obra seja permitido.

O Tribunal de Justiça de São Paulo, em sessão plenária, entendeu cuidar-se de preço, e não de taxa (*RJTJSP* 37/184 e 40/124).

A reforçar o entendimento, dispõe o inc. V do art. 150 da CF que é vedado à União, aos Estados, ao Distrito Federal e aos Municípios "estabelecer limitações ao tráfego de pessoas ou bens, por meio de tributos interestaduais ou intermunicipais, ressalvada a cobrança de pedágio pela utilização de vias conservadas pelo Poder Público". Com base no texto, afirma Ives Gandra que a "natureza da taxa fica definitivamente consagrada no atual texto constitucional" (*Comentários...*, v. 6ª, t. 1, p. 166).

Ao contrário, entendemos que fica consagrada a natureza de preço. Em primeiro lugar porque não se cuida de serviço público constitucionalmente estabelecido. Em segundo, a inserção da exceção no dispositivo constitucional deveu-se à circunstância de evitar discussão jurídica a respeito de sua natureza, como se vê de acórdão constante da *RDA* 121/311, através do qual o STF foi chamado a definir a admissibilidade da cobrança do pedágio. Em terceiro, porque, geograficamente, não havia lugar para inserir a exceção, senão onde se cuida da vedação da limitação de tráfego de pessoas ou bens.

Há exploração do Estado de seus próprios bens, cuidando-se de *receita originária*. Advém ela da exploração do uso de bem do Estado. Não há constrangimento sobre o particular. Como vai ele utilizar-se de uma obra pública, para sua maior comodidade, deve suportar o pagamento de um *preço* para a manutenção da obra (sua conservação etc.) e, até, para prestação de um serviço (o de socorro a veículos avariados, guinchamento etc.).

Inúmeros autores têm sustentado a natureza híbrida (taxa ou preço), dependendo das circunstâncias (Eurico de Andrade Azevedo, "Pedágio – Natureza jurídica – Constitucionalidade – Legalidade", *RDP* 16/410; Seabra Fagundes, "Pedágio Constitucionalidade – Legalidade", *RDP* 18/330).

Ora, não pode ficar ao alvedrio do legislador o critério instituidor de taxa ou preço. Estão eles previstos na Constituição da República e não podem ser alterados.

Como entendemos que não se pode cobrar taxa pelo uso de bem público, porque se cuida de exploração do próprio patrimônio, trata-se, na espécie, de *preço*.

15
*O SUPOSTO CONTRATO
DE TRANSPORTE PÚBLICO*

Alguns autores afirmam que o transporte, enquanto serviço, é remunerado por *preço*, celebrando o usuário um contrato com a Administração Pública. O só fato de se afirmar que se cuida de um serviço público tem, implícita, a consideração de que não se pode falar de verdadeiro contrato, nem de preço. Assinala Alessi que não se aceita que "um serviço público por parte da Administração possa ter natureza privatística, enquanto que faltam as condições necessárias para sujeitá-lo ao direito privado, ou seja, a consideração de um interesse subjetivo, patrimonial (em sentido amplo), a satisfazer" (*Principi di Diritto Amministratiro*, v. I, p. 469). Se se cuida, todavia, de um banco, com interesse tipicamente econômico, fala-se, tranqüilamente, em preço, advindo das inúmeras relações crediticias com os particulares (títulos de crédito, aplicações, investimentos etc.).

Por isso não se cogita de *contrato*, mas de *admissão* ao serviço público.

Se o serviço inexiste, não há como se falar em direito público subjetivo à sua prestação. Todavia, consumada a admissão, transforma-se em direito à prestação. Não se obrigou a Administração Pública ao impossível. Tem o dever de prestar o serviço, e deve fazê-lo da melhor forma. Todavia, pode deparar com impossibilidade material de fazê-lo. Daí não haver como constranger a Administração a prestar o serviço que se pretende. Mas, uma vez consumada a estrutura para sua prestação e a ele admitido o particular, indiscutível surgir direito a usufruí-lo.

O mesmo ocorre nas relações entre usuário e concessionário. Não tendo o particular participado do vínculo da concessão, subordinado a contrato, onde, embora discutam as partes suas cláusulas, há o núcleo contratual, ou seja, inalterável, ao arbítrio do Poder Público, surge o vínculo decorrente entre usuário e concessionário. Nasce o que se denomina de negócio jurídico unilateral, isto é, declaração unilateral da Administração Pública prestando o serviço em favor da generalidade dos particulares. Afirma Fragola que "não se pode falar de contratualismo onde existe uma relação jurídica, essencialmente regulada por normas de direito público" (*Gli Atti Aniministratiri*, p. 63). Entende melhor a expressão "negócio jurídico", uma vez que o serviço é abstratamente prestado, isto é, em "favor do público" (p. 65).

Poder-se-ia admitir que se cuida de contrato de adesão. Tal teoria não impressiona, porque não há possibilidade da discussão das cláusulas. Nem mesmo de horários, pontos de tomada, demora entre um veículo e outro, tipo de iluminação, tempo do traslado etc. Não se pode discutir com o titular do serviço, seja o Estado, seja o concessionário, a inalterabilidade das cláusulas. Há, então, situação regulamentar de adesão, subordinada ao Direito Administrativo, derivando os direitos e deveres do que estiver expresso em contrato firmado entre o concedente e o concessionário.

Notavelmente, esclarece Orlando Gomes que "a abertura do serviço ao público não é oferta a pessoa indeterminada, obrigação legal de contratar, ou promessa unilateral ao público, senão uma obrigação de natureza peculiar de direito público que deriva do princípio da necessária atuação do fim. A Administração Pública tem liberdade para assumir ou não o propósito de obter determinados fins, mas, se assume, fica vinculada à sua consecução. Não pode, por conseguinte, recusar-se a prestar o serviço que abriu ao público. Cumpre-lhe, desse modo, admitir, um por um, o usuário eventual. Todo indivíduo possui, em tese, o direito de ser admitido, que se traduz no direito a adquirir um direito à prestação de dois elementos: de um lado, uma manifestação de vontade do particular dirigida a solicitar a admissão; do outro, uma manifestação de vontade da Administração dirigida a concedê-la. O encontro dessas duas vontades não significa que os dois elementos se fundem num acordo de natureza contratual. Originam dois atos unilaterais: o ato de admissão praticado pela Administração e o ato de requerê-la, que não passa de ato preparatório da providência ou medida administrativa" (*Contrato de Adesão*, pp. 69 e 70).

Ressalva-se, apenas, a faculdade de a Administração assumir o serviço. Se está ele previsto, há *dever*, não faculdade.

Não nos preocupamos com a efetividade ou não do serviço, nem com sua regularidade e os direitos do usuário em relação a ele. O objeto da preocupação diz respeito ao que se paga em decorrência da prestação do serviço. Se se cuidasse de contrato típico, inclusive, como afirmam alguns, de adesão, teríamos a contraprestação do preço. Todavia, como se vê, não se cuida de contrato, mas de sujeição a determinado serviço expressamente disciplinado através do regulamento constante de contrato firmado entre poder concedente e concessionário.

Em excelente estudo sobre a "Situação jurídica do usuário do serviço público", Odília Ferreira da Luz Oliveira rejeita a tese da estipulação em favor de terceiro e a tese contratual, aderindo à da situação legal e regulamentar (*RDP* 69/45). Não há o contrato de adesão, diante do fato da ausência do debate sobre as cláusulas, e, ainda que isso fosse possível, o concessionário estaria vinculado ao contrato firmado com o concedente, tornando-se inadmissível, ainda que o queira, alterar o já convencionado.

Vê-se, pois, que não há contrato e não se pode falar em preço. Cuidando-se de relação adesiva de caráter regulamentar, pode-se asseverar que o que se paga pela admissão ao serviço público de transporte, como a qualquer outro, é tara, inexistindo escolha da Administração para alterar a prestação.

Problema curioso vem colocado por Alessi sobre a incapacidade legal ou a natural. Observa que, embora verificado tal defeito, é ele irrelevante para a admissão no serviço público (ob. cit., v. 1, p. 481). Assim sendo, nenhum requisito de capacidade ou de vontade para ser admitido ao serviço é necessário (ob. cit., v. 1, p. 482). Evidente que tal forma ou desconhecimento de eventual vício de vontade é ignorado no direito privado, mas é plenamente receptivo no direito público.

Com notável percepção do problema e analisando os ângulos da controvérsia, afirma Alessi, após elaborar distinção entre taxa e preço – para quem a primeira é correspectivo de serviço público e preço tem seu vínculo à relação privada – que "a idéia de *preço* vincula-se essencialmente com as relações privatísticas, enquanto que a de *taxa* a relações publicistas: posta, portanto, para nós a natureza essencialmente publicista das relações de prestação administrativa, daí deriva a essencial natureza de taxa da contribuição pecuniária posta a cargo do particular utente" (ob. cit., v. 1, p. 488).

Daí a seguinte conseqüência: a taxa pode não representar o efetivo equivalente econômico. Pode-se falar em *taxa política*. Caso se cuidasse de preço, haveria a cobrança de acordo com o valor de mercado ou valer-se-ia o Estado do preço político.

O serviço de transporte foi elevado, expressamente, à categoria de *serviço público*, diante de disposição constitucional (letras "d" e "e" do inc. XII do art. 21 da CF). Mais que isso, foi o transporte coletivo erigido a *serviço essencial* do Município, evidentemente quando por este prestado (inc. V do art. 30). Dispõe referido dispositivo legal que compete ao Município organizar e prestar, diretamente ou sob regime de concessão ou permissão, "os serviços públicos de interesse local, incluído o de *transporte coletivo, que tem caráter essencial*".

Como se pode aceitar que, sendo o transporte coletivo de caráter essencial, assim determinado pela própria Constituição Federal, possa o prefeito, juntamente com a Câmara, por lei, conceder o serviço e ver-se a população desprovida de qualquer garantia de que os valores cobrados em decorrência de sua prestação não sejam alterados a qualquer tempo, inclusive tornando impossível ou extremamente difícil sua utilização, por parte das camadas mais pobres da população?

Estaria na vontade do administrador a possibilidade de inviabilizar, por excessiva elevação dos valores cobrados, a própria prestação de serviços públicos? Imagine-se que os munícipes tenham o valor do transporte como componente de seu orçamento, já limitado pelos baixos salários que recebem. Como tal, e não sofrendo aumento o orçamento pessoal ou familiar no correr do mês, como admitir-se possa o Poder Executivo, por ato seu, alterar os valores cobrados, tornando insuportável, para o orçamento familiar, o uso do transporte coletivo? Será que estaria na livre disposição de uma só pessoa alterar aquilo que a Constituição consagrou como essencial? Não está o dispositivo constitucional limitando o agente administrativo, e também o Poder Legislativo, de forma tal que não podem esvaziar o conteúdo do direito que o Texto Maior consagrou?

Pensamos que não pode haver alteração a qualquer tempo, porque de taxa se cuida. Como tal, sujeita-se aos princípios tributários, e, por conseqüência, ao da anterioridade. Logo, para que houvesse aumento no curso do ano fiscal, seria imprescindível que a lei previsse os reajustes, tornando clara a pretensão do Executivo.

Em verdade, como, durante muitos e longos anos, houve a excrescência do Poder Executivo em detrimento dos outros dois, aceitou-se que pode o chefe de tal Poder comportar-se de qualquer forma, inclusive alterando direitos. Na esteira de George Orwell, em *A Revolução dos Bichos*, o que ocorre é que perdemos a visão das coisas corretas, diminuindo nossa sensibilidade jurídica. A dimensão constitucional do problema tem sido negligenciada.

Não basta que se altere o rótulo da cobrança, de taxa para preço, nem basta dizer que se cuida de serviço concedido, para que os direitos caiam por terra. Não se cuida, em verdade, de desprestigiar direitos. O que vale é a forma alternativa da prestação de serviços, ficando mudada a composição dos interesses em jogo e todos constitucionalmente acolhidos.

É imperioso que não percamos a visualização de nossa realidade, permitindo que, ao se dizer que o transporte coletivo não é serviço público, mas mera prestação de atividade comercial do Poder Público, os direitos se desmanchem.

O serviço público, como já se viu, implica garantia de que o cidadão o tenha e dentro de determinados parâmetros de garantia constitucional.

É importante a visão que se dá ao problema. Não mais nos preocupa a taxa enquanto contraprestação pecuniária, mas o dever do Estado de prestar serviços. Pode-se dizer que o cidadão tem a faculdade de não os usufruir (p. ex., o de não apanhar um ônibus ou o "metrô" para dirigir-se à sua casa). O que se tem em mente é o dever de colocar em ordem os serviços públicos, de prestá-los aos indivíduos, de mantê-los em estado adequado.

Daí não se cuidar de relação meramente contratual. A liberdade de não usufruir do serviço público, como diz Pugliese, "tem um conteúdo puramente ilusório, porque significa a liberdade (quando não seja verdadeira coação direta) de renunciar a uma boa parte dos benefícios da vida social" (*La Tassa nella Scienza e nel Diritto Positivo Italiano*, p. 36). Não é que não se queira utilizar o serviço. A Administração Pública, no sistema brasileiro, é obrigada a colocar o serviço à disposição do cidadão, use-o este ou não. A vontade do obrigado é irrelevante para ensejar o nascimento da obrigação. Pode ela surgir contra sua vontade. Por exemplo, ao morar em longínquo rincão, não tem outra alternativa senão a de apanhar o trem ou o ônibus para sua locomoção.

O que está por detrás do problema, em verdade, não é mais o fato de se cuidar de serviço obrigatório ou não. Nem de serviços essenciais ou imprescindíveis à manutenção da soberania, como querem alguns.

O problema crucial é a *coação*, que vamos denominar de pressão endógena ao indivíduo, como pressão psicológica à necessidade de valer-se do serviço público. Por exemplo, o de iluminação particular. Pode haver opção de não se servir do fornecimento de energia elétrica, no Estado atual? Não há opção. Há constrangimento. Ao lado do endógeno, há o exógeno, que parte da própria administração pública. Esta, como detém a necessidade e o dever de prestar os serviços, presta-os à sua vontade, interferindo na vida do indivíduo e tornando-se essencial a sua subsistência, ao menos em uma sociedade de comodidade média.

Ora, deixar de utilizar o serviço do Estado é abster-se de usufruir ou privar-se de "une activité indispensable ou três utile" (Louis Trotabas, *Finances Publiques*, p. 90). A afirmação vem reforçada por García de Enterría ao dizer que a liberdade de não usar os serviços públicos "é ilusória, pois significa a liberdade de renunciar a uma parte fundamental da vida social" ("Sobre la naturaleza de la tasa y las tarifas de los servicios públicos", *Revista de Administración Pública*, n. 12, p. 138). No mesmo sentido Falcón y Tella, para quem "se este bem ou serviço torna-se essencial para alcançar uma liberdade real ou efetiva, sob a óptica da 'procura existencial', e especialmente quando o Estado monopoliza a prestação do mesmo, não cabe dúvida de que se trata de uma voluntariedade fictícia, e nesse sentido, devem considerar-se incluídas no âmbito da reserva da lei, pois na realidade são prestações 'impostas' ao cidadão, já que a liberdade de renunciar a uma parte importante da vida social torna-se ilusória" ("La finalidad financiera en la gestión del patrimonio", *Civitas* 35, pp. 384-385). Gustavo Ingrosso chega a afirmar que basta ter a Administração Pública o "monopólio" de determinada atividade, para que se tenha a configuração do tributo (*Corso di Finanza Pubblica*, p. 87).

Excelente julgado da "Corte Costituzionale" da Itália retrata bem a preocupação atual daquele país em relação ao problema de que se cuida. Em decisão sobre os serviços telefônicos, afirmou a Corte que "o caráter impositório da prestação não é excluído pelo só fato de que a promessa do serviço dependa da vontade do particular"; e argumenta com o fato de que se um serviço tem considerável importância e é reservado ao Poder Público a possibilidade de exercício da liberdade é quase nenhuma. Conclui que "se é verdade, com efeito, que o cidadão é livre de estipular ou não o contrato, é, assim mesmo, certo que essa liberdade se reduza à possibilidade de escolher entre a renúncia à satisfação de uma necessidade essencial e a aceitação de condições e de obrigações unilaterais autoritariamente fixadas" (F. Levi, "Imprese pubbliche e servizi pubblici esenziali tra l'art. 23 e l'art. 43 Cos.", *Giurisprudenza Costituzionale*, 1961, p. 1.080-1.082).

Vê-se que a coação se exerce sobre o particular, que não tem escolha. Não se está pensando na classe alta brasileira, nem na classe média alta. Pensa-se na grande massa de coitadinhos que formam o grosso do país. A grande massa de sem-teto, sem-terra etc., que perambulam pelo país afora, formando a periferia das grandes cidades, as favelas, os cortiços, os mocambos, os camponeses. Já não se pode falar em ajudá-los. Perderam eles, de tal forma, a identidade, que deve a vontade dos abnegados sociais substituí-la. Dar a mão é pouco. É cuidar deles.

Zanobini, ao efetuar uma distinção entre as entradas, afirma que a doutrina as separa em duas categorias fundamentais – entradas de direito público e de direito privado: "as primeiras tratam das rendas dos bens patrimoniais e das indústrias próprias do Estado; as segundas, efeito do exercício, de parte dele, do poder público de império" (*Corso di Diritto Amministrativo*, v. IV, p. 335).

O que caracteriza o valor a pagar em decorrência do serviço não é só o fato de ser cobrado pelo Estado. Pugliese dá exemplo do que se paga ao Estado em face do sal e do tabaco. Tal circunstância é insuficiente para caracterizar a taxa (ob. cit., p. 69). O mesmo autor diz que os serviços prestados pelo Estado podem distinguir-se em dois grupos: "aqueles que o Estado presta na sua qualidade e por causa de sua qualidade de soberano de direito público – aqui, corresponde o pagamento a um tributo; e aqueles que o Estado presta substituindo-se às empresas privadas por motivos de oportunidade política ou de conveniência econômica, corresponde o pagamento de um preço" (ob. cit., p. 30). Afirma o mesmo autor que a taxa deriva de uma prestação obrigatória paga ao Estado por aquele que frui em modo particular dos serviços jurídico-administrativos inerentes à soberania do Estado (ob. cit., p. 47). Há serviços que, em determinado período histórico, a consciência coletiva considera sua prestação como dever absoluto do Estado (ob. cit., p. 32).

Afirmar que o preço advém de relação contratual, e não a taxa, não significa que todas as relações como o transporte coletivo, a compra de selos para o envio de carta pelo Correio, possam servir de alegação para que a relação tributária não seja contratual. É que não podemos confundir os institutos. Exemplo típico dá Berliri ao estudar as taxas, como já mencionamos, do caso de menor que adquire selo e, após jogar o envelope na caixa, descabe à Administração recusar recebê-lo sob alegação de provir de um incapaz. Esclarece que "o que determina a obrigação da Administração não é a manifestação de vontade do contribuinte, mas o fato de que esteja a carta destinada em envelope registrado" (ob. cit., v. 1, p. 299).

Em alguma atividade da Administração Pública pode ela advir sem nenhum preventivo pedido do particular. Pode-se falar aqui, como ensina Santi Romano, em *obligatio ex re*, isto é, independe da vontade do contribuinte, advindo da própria coisa, ou seja, do serviço público (*Principi di Diritto Amministrativo*, p. 353).

Não se pode falar, então, de contrato na relação de Direito Tributário, de que advém a obrigação do pagamento de uma taxa. Fala-se em adesão a regulamento. O serviço público advém ou da prestação pessoal e direta do Poder Público ou de concessão de serviço. Em tal hipótese, a prestação vem disciplinada em regulamento. O contrato celebra-se entre o poder concedente e o concessionário, através do qual vêm discriminadas as obrigações de ambos. Estipulam-se, por exemplo, em concessão de transporte coletivo através de ônibus, o horário, os pontos de parada, a regularidade, o estado de conservação, a lotação etc. O usuário simplesmente adere à disciplina regulamentar. Há o dever do serviço, que é retribuído por taxa, e a sujeição a ele, denominando-se de *adesão regulamentar*.

Como ensina Giannini, "ou se trata de uma relação contratual, em que a obrigação do pagamento da soma devida ao ente público tem sua base na vontade das partes, ou trata-se, ao invés, de uma relação que surge em virtude da lei, não tendo a vontade do particular outra serventia senão aquela de colocar em movimento o mecanismo legislativo: no primeiro caso trata-se de uma entrada de direito privado, no segundo, uma taxa" (ob. cit., p. 48).

16
SERVIÇO DE FORNECIMENTO DE ÁGUA E ESGOTOS

Como preliminar à prestação do serviço, há necessidade de que o Estado construa a rede de galerias, de fornecimento, de limpeza, para, posteriormente, prestar o serviço. Em decorrência da construção da rede pluvial, apenas pode ser exigida contribuição de melhoria, tal como previsto no inc. III do art. 145 da CF, ou seja, há a possibilidade da cobrança "decorrente de obras públicas". Como já dissemos o que se entende por obra, basta que o Estado efetue a construção da rede para que possa exigir o tributo denominado *contribuição de melhoria*.

Uma vez construída a rede, surge a prestação do serviço. Discutem doutrina e jurisprudência o que pode ser cobrado em decorrência de tal atividade. Para alguns, cuida-se de taxa; para outros, de preço.

Diante da óptica que se vem dando ao presente trabalho, somente pode ser cobrada *taxa*.

Hely Lopes Meirelles afirma que "dificilmente se poderá cobrar o serviço de água mediante *tarifa*, porque a sua ligação domiciliar é de interesse sanitário e por isso deve ser compulsória para todos os moradores da cidade. Ora, como uma das características da *tarifa* (preço público) é a facultatividade na utilização do serviço, torna-se incompatível a liberdade de seu pagamento com a obrigatoriedade de sua utilização. Somente nas cidades em que seja facultativa a ligação domiciliar de água à rede urbana – o que não é aconselhável – poder-se-ia adotar a remuneração por *tarifa*" (*Direito Municipal Brasileiro*, p. 420; a afirmação vem desde a 2ª ed., de 1964).

A orientação foi reiterada em parecer denominado "Cobrança de taxa d'água ou tarifa", in *Estudos e Pareceres de Direito* Público, v. 11. Diversamente entendia o Prof. Oswaldo Aranha Bandeira de Mello ("Tarifa de água", *RDP* 20/365). Afirmou, todavia, que "o preço público não passa de preço de atividade industrial jurídico-privada da Administração Pública, autorizada por lei a prestar determinados serviços públicos, mediante cobrança de tarifas fixadas por decreto executivo, como seu pagamento" (p. 373). Deixou o eminente autor bem clara a distinção de preço, contratual, e de taxa, obrigação decorrente de lei.

Na jurisprudência há manifesta confusão em relação aos conceitos básicos, o que gera decisões ora afirmando cuidar-se de preço, ora de taxa. Em antigo julgado, decidiu o Tribunal de Alçada do Estado de São Paulo que se cobra taxa, porque a "rede de esgoto e o abastecimento de água constituem serviços eminentemente públicos" (*RDA* 64/96). Tal decisão recebeu elogioso comentário do Prof. Caio Tácito (comentário na mesma *Revista*, pp. 99-104). No mesmo sentido decisão do STF constante da *RT* 646/216, rel. o Min. Sydney Sanches, ao entender que "a conservação das redes de água e esgoto não é obra pública, mas, sim, um serviço público. Cabível, portanto, a cobrança através de taxa". Em outra decisão do Tribunal de Alçada do Estado de São Paulo afirmou-se que "não se trata de tarifa, mas de taxa, a retribuição paga, obrigatoriamente, pelos serviços de fornecimento de água e esgoto" (*RDA* 124/86). Em outro julgado houve excelente análise do, depois, Desembargador Carlos Ortiz reconhecendo ser "inconstitucional a majoração da taxa de água por decreto do Executivo" (*RDA* 109/71 e *RT* 435/150).

Há julgados em sentido contrário (*RDA* 146/246), e o próprio STF já entendeu que o que se paga é preço. Afirmou que "a tarifa paga pelo fornecimento de água é preço público" (*RDA* 133/135, rel. Min. Leitão de Abreu). Há acórdãos anteriores (*RTJ* 33/147 e 465). Contrariando a posição do próprio STF, há decisão sustentando que "a majoração da taxa de água e esgoto, em virtude de sua natureza tributária, depende de lei" (*RDA* 75/98, rel. Min. Luiz Gallotti), acórdão alterado em embargos (*RDA* 82/62).

A doutrina segue a orientação jurisprudencial, não se firmando em qualquer dos sentidos. Caio Tácito afirma cuidar-se de preço. Sua conclusão é a de que "as tarifas de fornecimento em causa têm a natureza jurídica de preços públicos, não representando obrigação tributária" ("Parecer" in *RDA* 146/265-272). No mesmo sentido o parecer de José Afonso da Silva in *RDA* 146/273-289.

Inúmeros autores entendem que o serviço de água, como serviço típico, é remunerado por taxa (Augusto Becker, *Teoria Geral do Direito Tributário*, n. 106, p. 348; Themístocles Brandão Cavalcanti, *Tratado de Direito Administrativo*, v. II, p. 207, cap. V – e outros mencionados no excelente acórdão constante da *RT* 435/150, rel. Des. Carlos Ortiz).

Já em decisão publicada na *RDT* 5/285-290 expunha minha posição a respeito do assunto. A decisão é de 1978. Há 15 anos entrevia na prestação de serviços por parte do Estado apenas a possibilidade da cobrança de taxa. A sentença mereceu comentário do Prof. Geraldo Ataliba, que endossou o que foi decidido. Entendia, à época, que, cuidando-se de serviço público, como o de fornecimento de água, apenas caberia a exigência tributária, não se podendo falar em preço.

Coerente com o que se vem dizendo ao longo do trabalho, cuidando-se de serviço público, a contraprestação somente pode ser taxa. Caso haja concessão do serviço, como fica? O raciocínio é o mesmo que se vem desenvolvendo ao longo do trabalho, ou seja, na imbricação dos serviços que podem ser desempenhados através de concessão, o valor pode vir a ser um preço, alterável, pois, dependendo da situação econômica por que passar o país.

Dizem alguns que o serviço de fornecimento de água e esgotos não é serviço público, mas atividade comercial do Município ou do Estado.

Ora, se o Município, através de sua lei orgânica ou através de lei própria, define-o como serviço que deva ser prestado aos munícipes, não pode, posteriormente, cobrar preço, nem elevá-lo a qualquer tempo, como tem sido feito.

O que vale notar é a definição normativa de cuidar-se de serviço público. O que é fundamental é a definição normativa de ser atividade própria do Poder municipal. O mais, fica em mera opinião.

17
ANUIDADES ESCOLARES

17.1 Escolas particulares.

Cuida-se a educação de um serviço público, tal como define o art. 205 da CF. Dispõe: "A educação, direito de todos e *dever do Estado* e da família, será promovida e incentivada com a colaboração da sociedade, visando ao pleno desenvolvimento da pessoa, seu preparo para o exercício da cidadania e sua qualificação para o trabalho". Determinando o legislador constituinte que se cuida de um *dever* do Estado, transforma-a em serviço público.

Determina, ainda, o texto constitucional que "o dever do Estado com a educação será efetivado mediante a garantia de: I – ensino fundamental, obrigatório e gratuito, inclusive para os que a ele não tiveram acesso na idade própria; II – progressiva universalização do ensino médio gratuito; (...)" (art. 208).

De outro lado, estabelece o § 1º do art. 208 que "o acesso ao ensino obrigatório e gratuito é direito público subjetivo".

Atente-se a que a Constituição da República institui o ensino primário e médio como dever do Estado (incs. I e II do art. 208), e, pois, *serviço público*.

Estabeleceu sua gratuidade. No curso universitário, que deve manter, ao lado da iniciativa privada (art. 209 da CF), o ensino é também gratuito (inc. IV do art. 206).

Há tempos, discutiu a jurisprudência o que se deveria cobrar para a admissão a tal serviço, tendo firmado orientação de que se cuida de preço, e não de taxa. Decidiu o STF que "as anuidades escolares não constituem taxa e sim preço público" (*RDA* 111/ 89, rel. Min. Bilac Pinto, e 111/92, rel. Min. Luiz Gallotti).

A se entender devida a anuidade em estabelecimento de ensino público superior, não se pode aceitar a afirmação dos eminentes Ministros. Assentaram as decisões na facultatividade da prestação. É que remanesce a opção do aluno em freqüentar uma escola particular. Ora, nada mais enganoso. A distinção entre preço e taxa não se encontra no seu caráter facultativo ou obrigatório. Afirma Bilac Pinto em seu voto que, "se o estudante preferir estudar em ginásio particular, estará obviamente dispensado de recolher a contribuição a que se refere a portaria, e isso pela razão essencial de que ela não é uma taxa – que se revestiria de caráter obrigatório – mas um preço, que, sendo de natureza contratual, é facultativo" (*RDA* 111/91).

Ninguém pode ser obrigado a ser comerciante ou industrial, mas o ICMS e o IPI não deixaram de ser tributos. O erro é de visão. A facultatividade jamais define o caráter do vínculo.

Não nos parece correto o raciocínio. Já em outro ponto discorremos sobre o serviço de transporte. Em determinadas regiões do País, há casos em que o transporte é obrigatório para quem queira locomover-se. Não há opção. No caso do ensino, diante de o indivíduo não possuir dinheiro, meios para freqüentar colégio particular, terá (obrigatoriedade, por impossibilidade material) que freqüentar o colégio do Estado, diante de sua gratuidade. A opção não está na própria coisa, mas nas possibilidades do cidadão.

Nem se diga que, se não freqüentar, não está obrigado a pagar o montante. E que, no caso, o serviço só pode ser prestado efetivamente, ou, melhor, a taxa apenas poderá ser cobrada se houver efetiva prestação de serviços. Não poderá haver cobrança pela sua potencialidade.

Como se vê, cuidando-se de serviço público, não é que tenha ele que ser obrigatório. É obrigatório para o Poder Público, e não para o indivíduo. Para este, será obrigatório o pagamento da taxa se se matricular no estabelecimento de ensino.

Oportuna contribuição ao entendimento da matéria oferece Giorgio Stefani. Após entender a taxa como contraprestação do serviço público, dá como exemplo o pagamento da instrução pública. A instrução elementar, afirma, é gratuita. Para "a instrução secundária e superior é requerido o pagamento de uma taxa, que cresce para os estudos universitários" (*Corso di Finanza Pubblica*, p. 161). Acrescenta: "similarmente diga-se em relação aos outros serviços que os cidadãos obtêm pagando as taxas judiciárias, as taxas administrativas etc." (p. 162). Posteriormente – com o que não concordamos – afirma que se cuida de taxa, em nossa terminologia, apenas quando o pagamento é inferior ao custo do serviço (p. 163). Aí, quebra o sistema que vimos sustentando.

Não se pode deixar de argumentar com a realidade do Brasil. Se tem o Estado o dever de prestar ensino, tem que fazê-lo, não se constituindo em sua opção. Há dever. De outro lado, têm os indivíduos o direito de exigir sua prestação, diante do fato de ser serviço público. Apenas não há o dever no âmbito do ensino universitário. Aqui, a grande parte da coletividade fica marginalizada. A grande freqüência das universidades públicas é de pessoas de posse, uma vez que, tendo feito cursos de primeiro e segundo graus melhores, estão mais aptas a alcançar a universidade. Logo, curiosamente, no Brasil, quem freqüenta a escola universitária pública são filhos de famílias abastadas.

Embora haja seleção dos mais aptos, não se pode falar em facultatividade, uma vez que é possível a freqüência a universidade particular. No mais das vezes, o indivíduo não tem condições de pagar o curso para o filho. Somente em escola pública poderia haver continuidade da educação cultural. Como se vê, o argumento da facultatividade é falho e hipócrita. Não há opção. Ou freqüenta escola pública, ou não continua seus estudos em grau universitário.

Cuidando-se, como se vê, de serviço público, apenas poderia o Estado cobrar taxa de admissão, se devida, e outras, por serviços prestados pela própria universidade.

17.1 Escolas particulares

Ao lado do ensino público, é ele "livre à iniciativa privada, atendidas as seguintes condições: I – cumprimento das normas gerais da educação nacional e II – autorização e avaliação de qualidade pelo Poder Público" (art. 209 da CF).

Para funcionamento de escola particular é imprescindível que haja ato de autorização. A autorização é ato que cria direito, "ao ampliar as faculdades jurídicas de quem recebe a autorização" (Oswaldo Aranha Bandeira de Mello, *Princípios Gerais de Direito Administrativo*, v. I, pp. 508 e 509). Vê-se, pois, que é imprescindível a existência de um ato recognitivo do Direito.

Pressuposto do cumprimento das normas gerais da educação é o poder de fiscalizar o funcionamento das escolas. Aí se extingue a competência estatal. Após constatar a existência de pressupostos para expedição da autorização de funcionamento e podendo exigir o cumprimento das normas gerais da educação nacional e a avaliação de qualidade, a partir daí cessa a competência do Poder Público.

Percebe-se, claramente, que não há a menor possibilidade de o Estado ingressar na esfera jurídica íntima do relacionamento escola/particular.

Diferentemente do ordenamento jurídico anterior, não há obediência estatal na relação mencionada. Dispunha o § 2º do art. 176 da CF de 1967/1969: "respeitadas as disposições legais, o ensino é livre à iniciativa privada (...)". Vê-se que a disposição legal poderia determinar o que quer que fosse. A emissão da lei não se continha em qualquer restrição. Desde que fosse por lei, o Estado poderia determinar normas de comportamento às escolas particulares. Já, a dicção do novo texto é diversa. O ensino é livre à iniciativa privada, atendidas as condições estabelecidas no art. 209 da CF.

Não há outra restrição que possa ser imposta, nem há condicionantes fixadas em lei. O texto constitucional revela a concessão de liberdade às escolas, que podem dispor da melhor forma de organização de seu ensino, submetendo-se, apenas, aos preceitos gerais da educação nacional e sujeitando-se à avaliação de qualidade pelo Poder Público.

Em conseqüência do quanto se vem dizendo, pode-se afirmar que não há possibilidade de o Estado imiscuir-se na intimidade da escola, para fixar padrões de mensalidades. Estas são livremente estipuladas pelas escolas, a quem, de acordo com o poder aquisitivo dos alunos, incumbirá a dosagem dos salários de seus professores. A equação possibilidade do aluno/necessidade da escola fica a critério desta. Os limites são os da possibilidade do aluno. É correto que se deve desvincular o paternalismo estatal que vigora entre nós. A escola oferece determinado padrão de ensino. Se o aluno não está satisfeito, muda. Faz movimento entre os pais para melhoria de ensino. O pai discute com a direção da escola os aumentos das mensalidades e retira o filho, se entender que a cobrança é muito alta. Enfim, é a livre iniciativa gerindo a economia de mercado no pertinente à educação.

18
CUSTAS E EMOLUMENTOS JUDICIAIS E EXTRAJUDICIAIS

Entende Sacha Calmon Navarro Coêlho que o que se cobra a título de custas judiciais e também de emolumentos é taxa. Afirma: "a prestação dos serviços públicos judiciais e notariais possa servir de suporte à cobrança de taxa é algo que refulge com inteira pertinência, pois são serviços públicos, que ensejam *apropriação individualizada*, apropositando aquela *atuação estatal*, tida por *fato gerador genérico das taxas*" (*Comentários à Constituição de 1988*, p. 66). Do mesmo sentir é Bernardo Ribeiro de Moraes, ao dizer que "são taxas remuneratórias, devidas sempre que o Poder Público presta ao particular um serviço que o favorece de modo especial" (*Doutrina e Prática das Taxas*, p. 93). É o que sustenta a doutrina (Amaro Cavalcanti, *Elementos de Finanças*, p. 170; J. H. Meirelles Teixeira, *Estudos de Direito Administrativo*, v. I, p. 180).

As custas são valores cobrados pelo Estado para prestação de serviços judiciais e extrajudiciais, englobando, em seu montante, os emolumentos. Estes destinam-se à remuneração dos serventuários que prestam os serviços extrajudiciais. De qualquer maneira, como constituem prestações cobradas de quem se vale do serviço, cuida-se de taxa.

Arruda Alvim também afirma que "as custas são taxas" (*Código de Processo Civil Comentado*, v. 2, p. 172), o mesmo fazendo Humberto Theodoro Jr. (*Digesto de Processo*, v. 2, p. 352).

Torna-se irrelevante, para Sacha Calmon, a destinação das custas, se ao tabelião, se a alguma caixa de assistência de advogados. Entende irrelevante o destino que a elas se dê (ob. cit., p. 67).

Alcides Jorge Costa ensina que "o Estado organiza os serviços de sua Justiça no exercício da sua competência, podendo, pois, cobrar taxas (CTN, art. 80), com o quê exercita sua competência tributária" ("Imposto sobre serviços. Não incidência sobre serviços notariais", *RDP* 4/106).

Assinalam Hamilton Dias de Sousa e Marco Aurelio Greco que, "apesar de outras teorias que possam ser lembradas em sentido contrário, não vemos como deixar de concluir que a atividade de administração da Justiça é um serviço público, conscientes da advertência de Carlos Maximiliano quanto ao papel e importância das decisões judiciais para compreender o alcance e sentido das normas constitucionais, o que se aplica *in casu* à determinação do significado da expressão 'serviço público'" (*A Natureza Jurídica das Custas Judiciais*, p. 79).

Na doutrina estrangeira não há divergência sobre o caráter de taxa das custas judiciais (A. D. Giannini, *Istituzioni...*, p. 504; Hector Villegas, *Curso de Finanzas*, p. 81; Alberto Xavier, *Manual...*, v. 1, p. 49). Entre nós, não divergem as opiniões dos autores (Theotônio Monteiro de Barros, *As Taxas e seus Principais Problemas Teóricos*, p. 61; Francisco Campos, "Tributação de bens, rendas e serviços da União, dos Estados e dos Municípios – Impostos e taxas", in *Direito Constitucional*, v. 1, p. 253, Theodoro Nascimento, *Preços, Taxas e Parafiscalidade*, p. 110).

Em notável estudo sobre o assunto, os autores já mencionados Hamílton Dias de Sousa e Marco Aurelio Greco terminam por afirmar que as custas e emolumentos "são taxas pela prestação de serviço público específico e divisível" (ob. cit., p. 127). Do mesmo sentir é Yonne Dolácio de Oliveira ao asseverar que "é irrefutável que custas e emolumentos são taxas remuneratórias de serviços públicos" (*A Natureza Jurídica das Custas Judiciais*, p. 143).

Na jurisprudência, notável voto do Min. Moreira Alves esgotou o assunto, deixando assentado que "taxa judiciária é tributo da espécie taxa" (*RDA* 158/21). Anteriormente, tal caráter já havia sido assinalado (*RTJ* 67/327 e ss., e 112/499, rel. Min. Djaci Falcão).

Irrelevante o fato de se tratar de atividade exercida em caráter privado (art. 236 da CF) quando se cuida de serviços notariais e registrais. É que há a *delegação*, matéria até agora não explicada. De qualquer maneira, é obrigação pecuniária que decorre de lei, à vista de um ato do Estado.

19
PRESCRIÇÃO AQUISITIVA.
EXTENSÃO. INVENÇÃO

Pode ocorrer receita originária a partir da denominada prescrição aquisitiva. Embora os civilistas discutam sobre a propriedade do termo, em verdade, pode ocorrer que o Estado ocupe um imóvel por tempo suficiente para adquiri-lo pelo que se denomina aquisição originária – ou seja, rompe com a cadeia de aquisições anteriores, criando novo título para o titular do domínio. Pode haver a aquisição de bens patrimoniais, seja incidente sobre móveis ou imóveis. Basta o decurso do prazo estabelecido em lei, aliado à inércia do titular, para que possa haver a aquisição do domínio.

Importante atentar que os bens do Poder Público são imprescritíveis (*RDA* 28/222), nos exatos termos do § 3º do art. 183, c/c o parágrafo único do art. 191, ambos da CF. Todavia, pode ele adquirir pela prescrição aquisitiva. O veículo é o usucapião, que significa, no dizer de Clóvis Beviláqua, a "aquisição de domínio pela posse prolongada" (*Comentários ao Código Civil*, v. 3º, obs. ao art. 550 do CC).

O Poder Público adquire, também, pela mera ocupação de área. O art. 35 do Decreto-lei 3.365, de 21.6.1941, inadmite o retorno de bens expropriados. É verdade que se admite a retrocessão (*RTJ* 104/468 e nosso "A retrocessão no Direito brasileiro", *RDP* 77/47 e *RDA* 166/17), mas, ocorrendo a mera ocupação de imóvel que fica destinado a finalidade pública, tem entendido a jurisprudência que descabe a reivindicação do bem, resolvendo-se o problema em perdas e danos.

Embora se afirme que a denominada desapropriação indireta constitua esbulho possessório, a orientação doutrinária é do descabimento da reivindicação e, assim, a ocupação torna-se forma ordinária de aquisição imobiliária (Hely Lopes Meirelles, *Direito Administrativo Brasileiro*, p. 574).

Diga-se o mesmo do denominado "direito de extensão", ou seja, a inclusão obrigatória na desapropriação de bem inutilizado para aproveitamento. É o que ensina Hely Lopes Meirelles (ob. cit., p. 588).

Da mesma forma, pode haver o usucapião de bens móveis (art. 1.260 do CC), seja ordinariamente, por prazo de três anos, ou de forma extraordinária, no prazo de cinco anos, independentemente de boa-fé (art. 1.261 do CC).

Há formas curiosas e extravagantes de aquisição por parte da Fazenda. O Decreto 22.468/1933 estabelece, em seu art. 2º, considera "como pertencentes à Fazenda Nacional todos os objetos de valor recolhidos aos cofres dos depósitos públicos e não reclamados dentro do prazo de cinco (5) anos, contados da data do depósito".

Também a legislação civil dispõe sobre a indenização em prol do que descobre alguma coisa (art. 1.233 do CC). Todavia, "pertencerá o remanescente ao Estado, ou ao Distrito Federal, se nas respectivas circunscrições se deparou o objeto perdido, ou à União, se foi achado em território ainda não constituído em Estado" (parte final do art. 1.233 do CC). O excedente referido diz respeito à alienação do bem.

Vê-se que há diversas formas de aquisição de bens móveis e imóveis, todos eles passando a compor o patrimônio público.

Todos os ingressos constituem receitas originárias, porque advêm de relação regida pelo direito privado.

20
RECEITAS COMERCIAIS E INDUSTRIAIS. FAZENDA. LOTERIA

Como já se viu, o Estado pode intervir na produção econômica. A participação impõe "quando necessária aos imperativos da segurança nacional ou a relevante interesse coletivo, conforme definidos em lei", nos exatos termos do art. 173 da CF.

De outro lado, empresas públicas e sociedades de economia mista poderão explorar a atividade econômica, nos mais diversos setores.

Como já foi por nós entendido, as entidades poderão participar do processo produtivo, sem que usufruam de qualquer privilégio. Terão personalidade jurídica de direito privado, apenas podendo, a partir da Constituição de 1988, ser criadas por lei específica (inc. XIX do art. 37 da CF), não podendo a sociedade de economia mista e as empresas públicas gozar de qualquer privilégio fiscal não extensivo ao setor privado (§ 2º do art. 173 da CF).

No processo produtivo agem tais entidades como quaisquer outras. Os exemplos são inúmeros: bancos estatais, como o Banco do Brasil, e dos Estados, empresas geradoras de energia, produtoras de armamentos etc.

Todas as receitas daí advindas são, inequivocamente, *preços*. Não se pode falar em taxa. Nenhuma de tais entidades desenvolve qualquer serviço público, nem fornece utilidade materialmente usufruível pelos particulares. São empresas comuns que agem perante o Estado como qualquer outra, desmerecedoras de privilégios ou vantagens econômicas e fiscais.

Por serem entidades comerciais ou industriais do Estado é que têm seus produtos pagos mediante *preço*. Aqui, pode falar-se no livre mercado e em preços estabelecidos de acordo com as leis da produção (oferta e procura). Conforme sintetiza Aliomar Baleeiro, o grupo das receitas originárias "compreende as rendas provenientes dos bens e empresas comerciais ou industriais do Estado, que os explora à semelhança de particulares, sem exercer os seus poderes de autoridade, nem imprimir coercitivamente a exigência de pagamentos ou a utilização dos serviços que os justificam, embora, não raro, os institua em monopólios. A essas receitas originárias corresponderia a noção de 'preços', mais adiante exposta" (*Uma Introdução à Ciência das Finanças*, p. 117).

Possui, também, o Estado suas fazendas, nelas podendo produzir o que bem entender, com técnicas aprimoradas, e o fruto de tal atividade terá, da mesma forma, um preço. Por exemplo, produz reprodutores bovinos, plantas enxertadas, sêmen etc. Tudo tem preço de mercado e pode ser vendido, até para o próprio auto-sustento. O que arrecada é preço.

Pode, também, participar de outras atividades produtoras de bens, dividindo a fatia do mercado com as demais empresas do setor. Nenhum privilégio pode ter. Luta no campo econômico como qualquer outro.

Daí por que se pode falar na responsabilidade objetiva das entidades prestadoras de serviços públicos e não daquelas que participam do processo econômico, na conceituação exata do disposto no § 6º do art. 37 da CF.

Observe-se, atentamente, que a separação dos campos de atividade é importante também e por causa das conseqüências que pode ter a distinção. Em relação às prestadoras de serviço público, entende a doutrina que é cabível a responsabilidade subsidiária do Estado, o mesmo não sucedendo com as demais. É o que ensina Celso Antônio (*Curso de Direito Administrativo*, p. 867), afirmando que apenas há responsabilidade subsidiária quando as entidades prestarem serviços públicos.

As loterias constituem fonte de renda retribuível por preços. Como ensina Aliomar Baleeiro, "a exploração das loterias pelo Estado, ou por um concessionário deste, constitui negócio puramente comercial" (ob. cit., p. 142). E, a seguir, esclarece que, "do ponto de vista financeiro, a loteria deve ser classificada entre as rendas comerciais ou industriais do governo" (idem, ibidem).

Sobre a "receita de concursos de prognósticos" poderá ser instituída uma contribuição previdenciária, tal como dispõe o inc. III do art. 195 da CF. Aí, adquire caráter de tributo, porque compulsório e decorrente de obrigação legal, fugindo, apenas, dos rigores do princípio anual da anterioridade, mas obedecendo ao prazo de 90 dias (§ 6º do art. 195).

21
TRANSPORTE AÉREO, AEROESPACIAL E INFRA-ESTRUTURA AEROPORTUÁRIA. SERVIÇOS E INSTALAÇÕES NUCLEARES

21.1 Serviços e instalações nucleares.

Na letra "c" do inc. XII do art. 21 da CF encontram-se outros serviços que são qualificados como públicos. Nem pelo fato de a Constituição não utilizar a expressão "serviços" é que se poderá deixar de assim entender. Posição contrária seria adoção de interpretação literal, que, como já se viu, não tem prevalência nem aceitação na doutrina moderna.

Diga-se o mesmo a letra "f" do mesmo dispositivo constitucional. O STF entendeu que a cobrança é feita por preço público (*RDA* 76/42). Mais recentemente, identificou o denominado Adicional de Tarifa Portuária como contribuição de intervenção no domínio econômico (RE 209.365-3-SP, rel. Min. Carlos Velloso, que entendia cuidar-se de taxa, ficando vencedores os votos dos Mins. Ilmar Galvão e Nelson Jobim, j. 4.3.1999).

Em excelente estudo, o Prof. Haroldo Valladão afirma que "as contribuições devidas pelos que se utilizam das instalações dos serviços do aeroporto e pagas às respectivas administrações são preços públicos e não taxas no sentido técnico dos tributos" (*RDA* 20/351-361).

O antigo TFR entendeu que o que se paga pela utilização de espaço aeroportuário não é taxa, mas preço (*RDA* 27/170), decisão que foi mantida pelo STF (*RDA* 37/195). Consta do voto do Min. Orosimbo

Nonato que "o Estado pode vender, alugar ou dispor dos bens ou utilidades de sua propriedade como se fosse um particular. O preço respectivo não corresponde a um tributo; não decorre do poder fiscal, de soberania, mas de simples exercício do direito de propriedade". Em seguida, arremata, afirmando que "são rendas do Estado, sem esse caráter, decorrentes da utilização de bens e serviços industriais e comerciais do mesmo Estado. Não têm feição compulsória; são cobradas somente dos que se utilizam dos mesmos serviços e bens" (idem, ibidem).

O STF chegou, inclusive, a consolidar em Súmula o entendimento de que "legítimo o aumento de tarifas portuárias por ato do Ministro da Viação e Obras Públicas" (Súmula 148).

Em outros acórdãos, o mesmo Pretório Excelso entendeu cuidar-se de taxa (*RDA* 84/75 e 94/75; *RTJ* 67/506). Embora com outro argumento, entende A. Theodoro Nascimento que se cuida de taxa, por definição legal (ob. cit., p. 183).

Se a infra-estrutura aeroportuária compõe o complexo das atividades que devem ser desenvolvidas pelo Estado, não há como se deixar de entender cuidar-se de preço. É típica exploração de bem público. Na prestação de serviço de transporte aéreo, ou marítimo, fluvial ou lacustre, por qualificarem serviço público, o que se cobra é taxa.

É o que vem disposto na letra "c" do inc. XII do art. 21. Não há como fugir de seu imperativo. Cuida-se de atividade vinculada a serviço. É um dos casos em que a Constituição a eleva à categoria de obra obrigatória destinada a serviço público.

Pelos mesmos motivos afirma-se que o transporte aéreo é elevado à categoria de serviço público. Não se trata de opção do doutrinador, mas de determinação constitucional, de acordo com a metodologia até aqui seguida.

21.1 Serviços e instalações nucleares

Cabe também ao Estado a exploração dos serviços e instalações nucleares. A relevância da atividade leva o constituinte a albergá-la sob o manto do Poder Público, atribuindo à União a exploração dos serviços e instalações nucleares (inc. XXIII do art. 21 da CF).

Da mesma forma, e aplicando o elemento teórico que se assentou sobre a utilização de radioisótopos (letra "b" do inc. e art. cits.), chega-se à conclusão de que, no tocante aos serviços, a contraprestação é taxa; no tocante às instalações, se dadas em permissão ou concessão de uso, cuida-se de preço.

22
O SERVIÇO POSTAL E A TAXA (SELO)

Pensa-se que o Serviço Postal é remunerado por preço e que pode seu valor ser alterado a todo instante. O raciocínio é equivocado e somente pode ser validado pela Ciência das Finanças. Jamais pelo jurista que se debruça sobre a Constituição Federal. O inc. X do art. 21 dispõe que é da competência da União "manter o serviço postal e o correio aéreo nacional".

Pelo rigor metodológico que nos impusemos e pelo raciocínio jurídico desenvolvido, cuida-se de *serviço público*. A circunstância de estar sendo prestada a atividade por empresa pública é irrelevante. Cuida-se de mera delegação, e não de concessão de serviço, uma vez que a entidade compõe a Administração indireta.

Não se pode falar em monopólio do serviço, uma vez que seria contradição nos ternos. Como ensina Geraldo Ataliba, "não tem cabimento mencionar-se a expressão monopólio, nos casos de serviço público, já que se refere a realidades jurídicas excludentes uma da outra. Por definição, o serviço público pertence ao Poder Público (art. 175 da CF de 1988) e jamais poderia estar ínsito na esfera de atividades dos particulares. Daí a imprópria e absurda invocação da expressão monopólio, para explicar os correios" ("Sabesp", parecer in *RDP* 92/70-95, especialmente p. 87).

Cuidando-se, como se cuida, de serviço público, a contraprestação somente pode ser taxa. Não se pode falar em preço. O montante representado no selo identifica o valor da taxa.

23

SERVIÇO DE RADIODIFUSÃO SONORA E DE SONS E IMAGENS

Nos termos da letra "a" do inc. XII do art. 21 da CF, os serviços de radiodifusão sonora e de sons e imagens constituem dever do Estado e, pois, serviço público. A outorga de concessão altera a natureza do vínculo jurídico que une concedente e concessionário, continuando o serviço a ser público, devendo o assunto ser estudado caso a caso, para se saber se é matéria ou não de concessão.

O que se vai cobrar do anunciante nos canais de televisão é matéria típica de direito privado, uma vez que será relacionamento entre particulares.

O relacionamento de direito público ocorre entre o concessionário do canal televisivo ou radiofônico e o usuário. Este tem direito ao serviço e o montante será taxa, tanto quanto a assinatura de TV a cabo. Como o Poder Público tem o dever de prestar a atividade e concede-a, o vínculo não fica frustrado com a liberação da intermediação do concessionário.

A tese central que se vem desenvolvendo perdura à análise de tal tipo de serviço, isto é, o de transmissão de imagens através de televisão, que suporta a incidência da taxa. Aliás, o STF já decidiu que é cabível a cobrança do tributo, diante da prestação de um serviço à comunidade (*RDP* 130/101, rel. Min. Rodrigues de Alckmin).

24
SERVIÇOS DE TELECOMUNICAÇÕES. ENERGIA ELÉTRICA

Os serviços de "telecomunicações" (telefônicos, telegráficos, de comunicações de dados etc.) foram erigidos, expressamente, pelo texto constitucional, em serviço público (inc. XI do art. 21).

Sendo assim, todos os dados teóricos já firmados aplicam-se ao serviço de telecomunicações. A contraprestação ao serviço é taxa, pelos pressupostos já assentados.

Todo material teórico anterior tem sentido para solução dos serviços aqui mencionados.

O problema é o mesmo, e igual a conclusão.

Da mesma forma, aplicável o esquema aos serviços e instalações de energia elétrica (letra "b" do inc. XII do art. 21).

25

INSTRUMENTOS PROCESSUAIS
DE DEFESA DO ADMINISTRADO

Em face de receber recursos e deles utilizar-se no cumprimento de seus objetivos, pode o Estado extravasar ou ultrapassar os limites do permitido.

Imaginemos que haja cobrança excessiva de preços, quando estes estejam em desacordo com os limites da própria prestação dos serviços ou quando ultrapassem os lindes do razoável.

Não estamos pensando nas hipóteses em que a cobrança atenda aos valores de mercado. Em tal caso, as regras não invadem a vontade livre dos contratantes, não havendo como dizer que agrida os valores protegidos no ordenamento normativo. Pode-se pensar no desequilíbrio entre as partes provocado por vício de consentimento. Até aí, não há novidade, porque o ato ou contrato pode ser desfeito pela anulatória de ato jurídico.

O que se pretende saber é: qual ou quais os veículos processuais tem o contribuinte para defender-se de eventual exagero do Estado?

Imaginemos que, de repente, e movido por intuitos meramente especulativos ou emulatórios, o Estado resolva elevar enormemente o preço do pedágio, de forma a torná-lo insuportável para os proprietários de veículos automotores. O exemplo pode ser multiplicado, no caso de áreas públicas. Imaginemos que haja elevação do preço pago em virtude de ocupação de lojas em mercados públicos ou estações rodoviárias. Suponha-se que o prefeito de pequeno Município queira elevar o preço de *box* em mercado, motivado por perseguição política. Os permissionários fazem movimento contra ele ou apóiam moção de impedimento. Em represália, o prefeito baixa decreto elevando o preço bastante acima do suportável, manipulando os valores.

Claro está que o permissionário poderá discutir em juízo o montante fixado, buscando anular o ato abusivo.

Como desenvolvemos a tese no sentido de visualizar sempre o indivíduo como centro de interesses e merecedor da proteção constitucional e legal, vendo-o não como mero destinatário das normas, mas como emanador delas, evidente está que tem toda sorte de remédios processuais à sua disposição para fazer com que o Estado restrinja sua atuação aos lindes do legalmente permitido.

Em conseqüência, poderá o indivíduo impetrar mandado de segurança para lograr o desfazimento do ato constrangedor de sua intimidade jurídica (inc. LXIX do art. 5º da CF), desde que a lesão a direito provenha de autoridade pública ou agente de pessoa jurídica no exercício de atribuições do Poder Público. A proteção diz respeito a direito líquido e certo, ou seja, o direito que advém de fatos certos e documentalmente demonstrados, subsumidos a princípios ou regras jurídicas, de tal operação surgindo a pretensão objetivada no pedido.

Cuidando-se de direito que possa alcançar uma sorte de pessoas, como uma associação ou sindicato de trabalhadores em mercado municipal, cabe o mandado de segurança coletivo (inc. LXX do art. 5º da CF), com o quê haverá proteção a direito não individual, mas pertencente a certa coletividade.

Caso haja dano ao patrimônio público, cabe o ingresso de ação popular (inc. LXXIII do art. 5º da CF).

Dependendo da hipótese, cabível será a ação civil pública.

Em todos os casos até aqui mencionados, deve o juiz conceder, de imediato, a medida liminar, decisão vinculada, sustando os efeitos do ato ou comportamento apontado como ilegal.

Não podendo os fatos merecer demonstração imediata, possível será o ingresso com ação anulatória da decisão administrativa, que terá rito ordinário ou sumário, dependendo do enquadramento da hipótese.

Em quaisquer dos casos mencionados, o Poder Judiciário poderá e deverá resguardar os direitos dos administrados.

Da mesma forma, caberá o ingresso com defesa administrativa, para revisão da decisão que tiver sido dada.

Em suma, contra os abusos e ilegalidades praticados pelo Poder Público cabe a pronta ação do particular, na salvaguarda de seus direitos, seja pela via administrativa, seja pela via jurisdicional.

26
CONCLUSÕES

À luz do quanto se expôs ao longo do trabalho, podemos chegar a algumas conclusões:

26.1 Para análise dos valores cobrados pelo Estado, inexiste conceito universal sobre os serviços públicos. Trata-se de decisão política. A Constituição e as leis definirão os meios de arrecadação do Poder Público.

26.2 Embora seja legítimo o estudo do Direito Comparado, não serve ele de paradigma para a análise das receitas originárias brasileiras.

26.3 O estudo das formas de atividade do Estado é importante para a análise teórica das diversas entradas.

26.4 A possibilidade constitucional prevista para que o Estado dê, em concessão, algum serviço público não só sofre limitações na própria Constituição como, também, não tem o condão de alterar as garantias asseguradas aos indivíduos. O vínculo continua sendo de serviço público. Nas hipóteses de permissão e concessão, diante do art. 175 da Constituição, pode-se cobrar preço.

26.5 Não é admissível ao Estado optar pela cobrança de preços quando prevista a taxa, salvo no caso de serviços permitidos ou concedidos; o inverso é possível.

26.6 Os serviços públicos estão constitucionalmente expressos, admitindo-se outros em decorrência de criação legislativa, e constituem-se em dever do Estado. São eles a este obrigatórios, podendo gerar ou não relacionamento obrigatório com os particulares.

26.7 Há direito dos indivíduos de que a cobrança dos valores devidos se faça de acordo com certos cânones e limites.

26.8 A prestação de serviço público enseja apenas e tão-somente a cobrança de taxa, sujeita aos princípios constitucionais, exceto no caso de permissão ou concessão, quando se cobra preço.

26.9 Pela exploração de seu patrimônio, em relação de propriedade, o Estado pode cobrar preços.

26.10 O uso de obras públicas enseja a cobrança de preços.

26.11 A prestação de serviços industriais e comerciais do Estado, seja diretamente ou pelas entidades da Administração indireta, enseja a cobrança de preços, o mesmo ocorrendo quando o Estado intervém no domínio econômico.

BIBLIOGRAFIA

AGUIAR, Joaquim de Castro. *Regime Jurídico das Taxas Municipais.*
ALESSI, Renato. *Principi di Diritto Amministrativo.* v. I. Milão, Giuffrè, 1974.
ALVIM, José Manoel de Arruda. *Código de Processo Civil Comentado.* v. 2. São Paulo, Ed. RT, 1975.
AMORTH, Antonio. "Prezzi (disciplina dei)". *Enciclopedia del Diritto.* Turim, UTET, p. 431.
ATALIBA, Geraldo. *Apontamentos de Ciência das Finanças, Direito Financeiro e Direito Tributário.* São Paulo, Ed. RT, 1969.
_____. "Considerações em torno da teoria jurídica da taxa". *RDP* 9/43-54.
_____. *Hipótese de Incidência Tributária.* 6ª ed., 4ª tir., São Paulo, Malheiros Editores, 2003.
_____. *República e Constituição.* 2ª ed. atualizada por Rosoléa Miranda Folgosi, 2ª tir., São Paulo, Malheiros Editores, 2001.
_____. "Sabesp". *RDP* 92/70-95.
_____. "Taxa de estacionamento em via pública". *RDP* 69/287.
AVILES, Angel Aguallo. "Un criterio jurídico para delimitar tasas y precios". *Tasas y Precios en el Ordenamiento Jurídico Español.* Madri, Instituto de Estudios Fiscales/Marcel Pons, 1991.
AYALA, José Luiz Pérez de, e GONZÁLES, Eusébio. *Curso de Derecho Tributario.* v. I. Madri, Ed. de Derecho Reunidas, 1975.
AZEVEDO, Eurico de Andrade. "Pedágio – Natureza jurídica – Constitucionalidade – Legalidade". *RDP* 16/410-414.

BALEEIRO, Aliomar. *Uma Introdução à Ciência das Finanças.* 14ª ed., Rio de Janeiro, Forense, 1984.
BALERA, Wagner. "Taxa e preço público". *Caderno de Pesquisas Tributárias* 10. São Paulo, Resenha Tributária, 1985.
BARROS, Theotônio Monteiro de. *As Taxas e seus Principais Problemas Teóricos.* São Paulo, tese, 1941.

BASTOS, Celso. *Curso de Direito Financeiro e de Direito Tributário*. São Paulo, Saraiva, 1991.
BECKER, Alfredo Augusto. *Teoria Geral do Direito Tributário*. 2ª ed., São Paulo, Saraiva, 1972.
BERLIRI, Antonio. *Principi di Diritto Tributario*. v. 1. Milão, Giuffrè, 1952.
BEVILÁQUA, Clóvis. *Comentários ao Código Civil*. 7ª ed., v. 3º. São Paulo, Francisco Alves, 1950.
BOBBIO, Norberto. *Teoria dell'Ordinamento Giuridico*. Turim, Giappicheli, 1960.
BRITO, Edvaldo. "Taxa e preço público". *Caderno de Pesquisas Tributárias* 10. São Paulo, Resenha Tributária, 1985.
BUCHANAN, James M. *Hacienda Pública*. Trad. castelhana de Alfonso Rodriguez Sainz. Madri, Ed. de Derecho Financiero, 1968.
BUJANDA, Sainz de. *Hacienda y Derecho*. v. I. Madri, Instituto de Estudios Políticos, 1962.
_____. *Notas de Derecho Financiero*. v. 2º, t. I. Madri, Ed. Universidad de Madrid, 1967.

CAMPOS, Francisco. "Parecer". *RF* 98/558.
_____. "Tributação de bens, rendas e serviços da União, dos Estados e dos Municípios – Impostos e taxas". *Direito Constitucional*. v. I. Rio de Janeiro, Freitas Bastos, 1956.
CANOTILHO, J. J. *Direito Constitucional*. Coimbra, Almedina, 1991.
CANTO, Gilberto de Ulhôa. *Temas de Direito Tributário*. v. III. São Paulo, Ed. RT.
_____. "Taxa e preço público". *Caderno de Pesquisas Tributárias* 10. São Paulo, Resenha Tributária, 1985.
CARRAZZA, Roque. *Curso de Direito Constitucional Tributário*. 19ª ed., São Paulo, Malheiros Editores, 2003.
_____. "Remuneração pelo estacionamento de veículos em logradouros públicos – Natureza tributária – Taxa". *RDT* 4/292-299.
CARRIÓ, Genaro R. *Notas sobre Derecho y Lenguaje*. Buenos Aires, Abeledo-Perrot, 1973.
_____. *Principios Jurídicos y Positivismo Jurídico*, Buenos Aires, Abeledo-Perrot, 1970
CARVALHO, Paulo de Barros. *Curso de Direito Tributário*. 4ª ed., São Paulo, Saraiva, 1991.
CAVALCANTI, Amaro. *Elementos de Finanças*. Rio de Janeiro, Imprensa Nacional, 1896.
CAVALCANTI, Themístocles Brandão. *Tratado de Direito Administrativo*. v. II. Rio de Janeiro, Freitas Bastos.
COÊLHO, Sacha Calmon Navarro. *Comentários à Constituição de 1988 – Sistema Tributário*. 2ª ed., Rio de Janeiro, Forense, 1990.
_____. "Taxa e preço público". *Caderno de Pesquisas Tributárias* 10. São Paulo, Resenha Tributária, 1985.
CORAIL, Jean-Louis. *La Crise de la Notion Juridique de Service Public en Droit Administratif Français*. Paris, 1954.

COSTA, Alcides Jorge. "Imposto sobre serviços. Não incidência sobre serviços notariais". *RDP* 4/106.

_____. "Taxa e preço público". *Caderno de Pesquisas Tributárias* 10. São Paulo, Resenha Tributária, 1985.

COSTA, Ramon Valdés. *Curso de Derecho Tributario*. v. I. Montevidéu, 1970.

DENARI, Zelmo. "Taxa e preço público". *Caderno de Pesquisas Tributárias* 10. São Paulo, Resenha Tributária, 1985.

DEODATO, Alberto. *Manual de Ciência das Finanças*. 19ª ed., São Paulo, Saraiva, 1983.

DERZI, Mizabel. "Contribuições". *RDT* 48/223.

DI PIETRO, Maria Sylvia Zanella. *Direito Administrativo*. São Paulo, Atlas, 1990.

_____. *Uso Privativo de Bem Público por Particular*. São Paulo, Ed. RT, 1983.

_____. *Parcerias na Administração Pública*, 3ª ed., Atlas, 1999.

DINIZ, Maria Helena. *Curso de Direito Civil Brasileiro*. 5ª ed., v. 6º. São Paulo, Saraiva.

EINAUDI, Luigi. *Principi di Scienza della Finanza*. 4ª ed., Giulio Einaudi Editore, 1949.

ENTERRÍA, Eduardo García de. *Hacia una Nueva Justicia Administrativa*. Madri, Civitas, 1989.

_____. "Sobre la naturaleza de la tasa y las tarifas de los servicios públicos", *Revista de Administración Pública*, n. 12, 1953.

FAGUNDES, Miguel Seabra. "Pedágio – Constitucionalidade – Legalidade". *RDP* 18/330-334.

FALCÓN Y TELLA. "La finalidad financiera en la gestión del patrimonio", *Civitas, Revista Española. de Derecho Financiero*, n. 35 (1982).

FALLA, Garrido. *Tratado de Derecho Administrativo*. Madri, Instituto de Estudios Políticos, 1976.

FERNÁNDEZ, Mariano Abad. "Tasas y precios públicos en la Comunidad Europea". *Tasas y Precios en el Ordenamiento Jurídico Español*. Madri, Instituto de Estudios Fiscales/Marcel Pons, 1991.

FERRAZ, Tércio Sampaio. *Função Social da Dogmática Jurídica*. São Paulo, Ed. RT, 1980.

_____. "Fundamentos e limites constitucionais da intervenção do Estado no domínio econômico". *RDP* 47-48/265.

FERREIRA FILHO, Manoel Gonçalves. *Curso de Direito Constitucional*. 18ª ed., São Paulo, Saraiva, 1990.

FONROUGE, Carlos Giuliani. *Derecho Financiero*. 2ª ed., v. II. Buenos Aires, Depalma, 1970.

FRAGOLA, Umberto. *Gli Atti Amministrativi*. 2ª ed., Nápoles, Casa Editrice Dott. Eugenio Jovene, 1964.

FRIEDMAN, Milton. *Capitalismo e Liberdade*. Rio de Janeiro, Artenova, 1977.

GARCIA, Plínio Gustavo Prado. *Taxa ou Preço Público (A Defesa do Consumidor)*. São Paulo, Resenha Tributária, 1985.

GENE, Miguel Carrobe. "La base imponible en las tasas y precios públicos". *Tasas y Precios en el Ordenamiento Jurídico Español*. Madri, Instituto de Estudios Fiscales/Marcel Pons, 1991.

GIANNINI, A. D. *Istituzioni di Diritto Tributario*. 8ª ed., Milão, Giuffrè, 1960.

GIORGETTI, Armando. *Lezione di Scienza delle Finanze e di Diritto Finanziario*. v. I. Pádua, CEDAM, 1972.

GOMES, Orlando. *Contrato de Adesão*. São Paulo, Ed. RT, 1972.

GONZÁLES, Eusebio, e AYALA, José Luis Pérez de. *Curso de Derecho Tributario*. v. I. Madri, Ed. de Derecho Reunidas, 1975.

GORDILLO, Agustín. *Introducción al Derecho Administrativo*. 2ª ed., Buenos Aires, Abeledo-Perrot, 1966.

_____. *Princípios Gerais de Direito Público*. São Paulo, Ed RT, 1977.

_____. *Tratado de Derecho Administrativo*. t. 2. Buenos Aires, Macchi-Lopez, 1975.

GRAU, Eros Roberto. *A Ordem Econômica na Constituição de 1988*. 8ª ed., São Paulo, Malheiros Editores, 2003.

_____. "Taxa e serviço público". *RDT* 52/86-96.

_____. *Ensaio e Discurso sobre a Interpretação/Aplicação do Direito*. 2ª ed., São Paulo, Malheiros Editores, 2003.

GRECO, Marco Aurelio. *Dinâmica da Tributação e Procedimento*. São Paulo, Ed. RT, 1979.

_____. *Norma Jurídica Tributária*. São Paulo, Saraiva, 1974.

_____. "Distinção jurídica entre taxa e preço (tarifa)". *RT* 456/39.

_____. "Tributos e preços públicos". *RDT* 11-12/276-283.

_____ e SOUZA, Hamilton Gomes de. *A Natureza Jurídica das Custas Judiciais*. São Paulo, OAB/Resenha Tributária, 1982.

_____ e _____ "Taxa e preço público". *Caderno de Pesquisas Tributárias* 10. São Paulo, Resenha Tributária, 1985.

GUIMARÃES, Carlos da Rocha. "Taxa e preço público". *Caderno de Pesquisas Tributárias* 10. São Paulo, Resenha Tributária, 1985.

GUIMARÃES, Ylves José de Miranda. "Taxa e preço público". *Caderno de Pesquisas Tributárias* 10. São Paulo, Resenha Tributária, 1985.

HOLANDA, Sérgio Buarque de. *Raízes do Brasil*. 11ª ed., Coleção "Documentos Brasileiros", Rio, José Olímpio Editora, 1977.

INGROSSO, Gustavo. *Diritto Finanziario*. 2ª ed., Nápoles, Casa Editrice Dott. Eugenio Jovene, 1956.

_____. *Corso di Finanza Pubblica*.

JÈZE, Gaston. *Cours Élémentaire de Science des Finances et de Législation Financière Française*. Paris, Marcel Giard & E. Brière Librairie Éditeur, 5ª ed., Paris, 1909; Paris, V. Giard Librairie Éditeur, 1931.

_____. "Nota de jurisprudência". *Révue de Science et de Législation Financières*, pp. 362-372, 1908.

_____. *Cours Élémentaire de Finances Publiques*, Paris, LGDJ, 1937.

LACOMBE, Américo Lourenço Masset. "Taxa e preço público". *Caderno de Pesquisas Tributárias* 10. São Paulo, Resenha Tributária, 1985.

LAPATZA, José Juan Ferreiro. "Tasas y precios: los precios públicos". *Tasas y Precios en el Ordenamiento Jurídico Español*, Madri, Instituto de Estudios Fiscales/Marcel Pons, 1991.

LASSALE, Ferdinand. *Que es una Constitución?*. Buenos Aires, Siglo Veinte.

LAUBADÈRE, André de. *Manuel de Droit Administratif Spécial*. Paris, Presses Universitaires de France, 1977.

LEVI, F. "Imprese pubbliche e servizi pubblici esenziali tra l'art. 23 e l'art. 43 Cos.", *Giurisprudenza Costituzionale*, 1961, p. 1.080.

LIMA, Ruy Cirne. *Princípios de Direito Administrativo Brasileiro*. 2ª ed., São Paulo, Ed. RT.

MACHADO, Hugo de Brito. "Taxa e preço público". *Caderno de Pesquisas Tributárias* 10. São Paulo, Resenha Tributária, 1985.

MARTINS, Ives Gandra da Silva. *Comentários à Constituição do Brasil*. v. 6º, t. 1. Rio de Janeiro, Forense.

_____. "Taxa e preço público". *Caderno de Pesquisas Tributárias* 10. São Paulo, Resenha Tributária, 1985.

MEIRELLES, Hely Lopes. *Direito Administrativo Brasileiro*. 28ª ed., São Paulo, Malheiros Editores, 2003.

_____. *Direito Municipal Brasileiro*. 13ª ed., São Paulo, Malheiros Editores, 2003

_____. "Cobrança de taxa d'água ou tarifa". *Estudos e Pareceres de Direito Público*. v. 11, São Paulo, Ed. RT.

_____. *Finanças Públicas*. São Paulo, Ed. RT, 1979.

_____. "Pedágio – Condições para sua cobrança". *Estudos e Pareceres de Direito Público*. v. I. São Paulo, Ed. RT.

MELLO, Celso Antônio Bandeira de. *Curso de Direito Administrativo*. 15ª ed., São Paulo, Malheiros Editores, 2003.

_____. *Ato Administrativo e Direito dos Administrados*. São Paulo, Ed. RT, 1981.

_____. *Prestação de Serviços Públicos e Administração Indireta*. São Paulo, Ed. RT, 1973.

_____. "Natureza jurídica do zoneamento – Efeitos". *Estudos de Direito Público* 1/10. Ano I.

_____. "Taxa de serviço". *RDT* 9-10/28. 1973.

MELLO, Oswaldo Aranha Bandeira de. *Princípios Gerais de Direito Administrativo*. Rio de Janeiro, Forense, 1979.

_____. "Tarifa de água". *RDP* 20/365-378.

MELO, José Eduardo Soares de. "Taxa e preço público". *Caderno de Pesquisas Tributárias* 10. São Paulo, Resenha Tributária, 1985.

MORAES, Bernardo Ribeiro de. *Doutrina e Prática das Taxas*. São Paulo, Ed. RT, 1976.

MOREIRA, Cristina Lino. *Tributabilidade do Serviço Público*. São Paulo, Ed. RT, 1985.

MUKAI, Toshio. "Taxa e preço público". *Caderno de Pesquisas Tributárias* 10. São Paulo, Resenha Tributária, 1985.

NASCIMENTO, A. Theodoro. *Preços, Taxas e Parafiscalidade*. Rio de Janeiro, Forense, 1977.

NOGUEIRA, Ruy Barbosa. "Contribuição de melhoria e taxa de iluminação pública". *Revista da Faculdade de Direito da USP*, v. LXXVI/278. Janeiro-dezembro/1978.

_____. *Curso de Direito Tributário*. 9ª ed., São Paulo, Saraiva, 1989.

OLIVEIRA, Odília Ferreira da Luz. "Situação jurídica do usuário do serviço público". *RDP* 69/45-69.

OLIVEIRA, Régis Fernandes de. *Ato Administrativo*. 3ª ed., São Paulo, Ed. RT, 1991.

_____. *Taxas de Polícia*. São Paulo, Ed. RT, 1980.

_____. "Lacuna e sistema normativo". *RJTJESP* 53/13-30.

_____. *Licitação*. São Paulo, Ed. RT, 1981.

_____. "Limpeza de terreno, taxa ou preço?". *RDT* 44/70 e 71.

_____. *Manual de Direito Financeiro*. São Paulo, Ed. RT, 1990.

OLIVEIRA, Yonne Dolácio de. *A Natureza Jurídica das Custas Judiciais*. São Paulo, OAB/Resenha Tributária, 1982.

PALLIERI, G. Balladori. *Diritto Costituzionale*. 11ª ed., Milão, Giuffrè, 1976.

PAPI, Giuseppe Ugo. "Prezzi (Economia e Scienza delle Finanze)". *Novissimo Digesto Italiano*. v. XIII. Pádua, CEDAM.

PUGLIESE, Mario. *La Tassa nella Scienza e nel Diritto Positivo Italiano*. Pádua, CEDAM, 1930.

ROMANO, Santi. *Principi di Diritto Amministrativo*. Soc. Edit. Libr., 1912.

_____. *Princípios de Direito Constitucional Geral*. São Paulo, Ed. RT, 1977.

ROSAS JR., Luiz Emydio F. das. *Manual de Direito Financeiro e Direito Tributário*. 8ª ed., Renovar.

ROSS, Alf. *Tû-Tû*. Buenos Aires, Abeledo-Perrot, 1976.

SEIXAS FILHO, Aurélio Pitanga. "Taxa e preço público". *Caderno de Pesquisas Tributárias* 10. São Paulo, Resenha Tributária, 1985.

SELIGMAN, E. A. *Essais sur l'Impôt*. t. 2ª, trad. de Louis Suret. Paris, ed. M. Giard & Brière, 1914.

SILVA, José Afonso da. *Curso de Direito Constitucional Positivo*. 22ª ed., São Paulo, Malheiros Editores, 2003.

_____. *Direito Urbanístico Brasileiro*. 3ª ed., São Paulo, Malheiros Editores, 2000.

SOUSA, Hamilton Dias de, e GRECO, Marco Aurelio. *A Natureza Jurídica das Custas Judiciais*. São Paulo, OAB/Resenha Tributária, 1982.

_____. "Taxa e preço público". *Caderno de Pesquisas Tributárias* 10. São Paulo, Resenha Tributária, 1985.

SOUSA, Rubens Gomes de. "Parecer". *RDA* 26/364-385.

STEFANI, Giorgio. *Corso di Finanza Pubblica.* Pádua, CEDAM, 1970.

TÁCITO, Caio. "Taxa, imposto e preço público – Tarifa – Preço público no serviço concedido – Direito do concessionário à renda do serviço – Desvio de poder" (Parecer). *RDA* 44/518-534.

TEIXEIRA, J. H. Meirelles. *Estudos de Direito Administrativo.* 1ª ed., v. I. São Paulo, 1949.

THEODORO JR., Humberto. "Despesas e multas". *Digesto de Processo.* v. 2.

TROTABAS, Louis. *Précis de Science et Législation Financière.* 11ª ed., Paris, 1953.

_____. *Finances Publiques.* Presses Universitaires de France, col. Themis, Paris, 1963.

VALLADÃO, Haroldo. "Parecer". *RDA* 20/351-361.

VILANOVA, Lourival. *As Estruturas Lógicas e o Sistema do Direito Positivo.* São Paulo, Ed. RT, 1977.

VILLEGAS, Hector B. *Curso de Finanças.*

_____. "Verdades e ficções em torno de um tributo denominado taxa". *RDP* 17/322-339.

WALINE, Marcel. *Traité Élémentaire de Droit Administratif.* 5ª ed.

_____. "Vicissitudes récentes de la notion de service public". *Révue Administrative* 5/23, 1948.

WEBER, Max. *Economía y Sociedad.* 2ª ed., 4ª reimpressão. México, Fondo de Cultura Económica.

XAVIER, Alberto. *Manual de Direito Fiscal.* v. I. Coimbra, Almedina, 1974.

ZANOBINI, Guido. *Corso di Diritto Amministrativo.* vs. I e IV. Milão, Giuffrè, 1958.

* * *